그래서 오늘도 사랑합니다

내 마음이 닿는
모든 것에
사랑을 보냅니다

그래서 오늘도 사랑합니다

이나경
석경화
이선복
박재형
송정열
최정미
윤혜정
박 하
이윤지

좋은땅

목차

이나경 작가
- 영원한 서른아홉   *008*
- 마지막 수업   *011*
- 북두칠성 아래,   *016*
- 광화문, 어느 카페에서   *020*

석경화 작가
- 온전히 사랑받는 사람   *026*
- 지구별 여행자에게 보내는 편지   *031*
- 끝나지 않은 시절 연인   *036*
- 엄마가 내 엄마에게   *041*

이선복 작가
- 새 할아버지가 생겼다   *046*
- 할머니가 그리운 날에   *050*
- 일상이 사랑과 전쟁   *055*
- 예정에 없던 일탈   *060*

박재형 작가

사랑하는 부모님을 가장 사랑하지
않았던 시간 ∗ 066

진정한 명품 ∗ 071

첫사랑 ∗ 075

송정열 작가

수렁에서 건진 아이 ∗ 080

그렇게 난 종착역에서 내렸다 ∗ 091

끝내 가 닿지 못한 한마디 ∗ 099

우리가 사랑한 건 그 놀이일까, 그 시간일까 ∗ 105

최정미 작가

하나님이 보내 준 문자 ∗ 114

결국 꿈은 이루어진다 ∗ 121

돛으로 방향을 바꾸며 전진하기 ∗ 127

윤혜정 작가

수신연결 중	* 138
내 꿈은 욕쟁이 할매	* 144
그날, 경주역	* 149
내 두 번째 첫사랑	* 153

박하 작가

말 없는 사랑	* 160
할머니를 지켜 준 삼식이	* 167
꼬리에 꼬리를 무는 일	* 172
지옥이라도 함께 갈 수 있는 사람	* 179

이윤지 작가

언제나 뒤늦게 깨닫는 사랑	* 186
아빠가 사랑하는 방식	* 190
자기만의 공간이 있다는 것은	* 195
나를 사랑한다는 건	* 199

영원한 서른아홉

"도대체 내 나이를 몇 번을 더 말해 줘야 하는 거야!"

엄마 생신 케이크에 꽂을 초를 몇 개 챙겨야 하는지 헷갈려서 전화를 드렸다. 상황을 설명하며 나이를 여쭈니 위와 같이 언성을 높이신다. 엄마는 어느 순간부터 당신 나이를 말해야 할 때 어쩐지 성질부터 내신다. 그도 그럴 것이, 엄마는 당신 나이가 서른아홉이 된 순간부터 늘 그 나이로 살아오셨다. 사람에게 '서른아홉'이라는 나이는 청년과 중년 사이에 놓인 다리와 같다. 저 다리를 넘어가는 순간 빛나는 청춘은 사라지고 노화가 가속 페달을 밟아 대는 중년이 시작되기 때문이다. 나 역시 서른아홉으로 꽤 길게 살았었다. 작년에 한국 나이로 마흔이 되었지만 법적 나이는 아직 30대라고 박박 우기고 다녔다. 이런다고 내가 젊어지는 것도 아니었는데, 참 부질없는 정신 승리였다. 좌우지간 40대 중반이 넘어서도 서른아홉으로 살던 엄마는 "외숙모는 왜 맨날 서른아홉이에요?"라는 사촌 언니의 질문을 듣고 비로소 그 나이에서 벗어나셨다. 그럼에도 불구, 칠순을 바라보는 지금도 연세를 여쭈면 머쓱해하신다. 이런 모습을 보면 우리 엄마는 '영원한 서른아홉'이다.

스물아홉 엄마는 전지전능한 존재였다. 모든 것이 서툴렀던 내가 엄마의 손길이 스치면 단정하고 야무진 아이가 됐다. 가끔 몸이 아파 엄마와 함께 병원에 갈 때가 있었다. 그런 날엔 엄마는 꼭 나를 업고 집까지 걸어가셨다. 병아리처럼 작은 내 몸을 드넓은 엄마 등에 기대면 서로의 몸을 통해 전해지는 온기에 따스하게 데워져 어느새 잠이 들곤 했다. 그래서인지 난 병원에 가는 게 꼭 싫지만은 않았다.

서른아홉 엄마는 밤마다 어느 영상을 봤다. 백 번은 더 봤음 직한데 엄마는 늘 처음 보는 사람처럼 그 영상을 감상했다. 그리고 울었다. 처음엔 낮은 속울음이었지만 영상이 끝날 때쯤엔 바닥을 쾅쾅 치며 오열했다. 엄마가 매일 봤던 동영상은 외할머니의 칠순 잔치 영상이었다. 지금은 얼굴만 어렴풋이 기억나는 외할머니, 엄마가 마흔이 되기도 전에 천국으로 먼 여행을 떠나셨다. 장례식이 끝난 뒤, 집에 돌아오는 길에 엄마는 미간 사이를 계속 만지작거리셨다. 외할머니 병시중 들다 보니 남은 건 눈썹 사이 '내 천(川)' 자밖에 없다며 쓸쓸하게 웃었다. 그 뒤로 엄마는 한참 동안 웃음을 잃었다. 그리고 매일 밤 땅을 치며 울었다. 어린이에서 소녀가 된 나에겐 서른아홉 엄마의 뒷모습은 더 이상 커 보이지 않았다. 그저 가엽고 낯선 여인만 바닥에 엎드려 있을 뿐이었다.

엄마는 어느덧 칠순을 바라보는 나이가 됐다. 엄마 뒷모습은 서른아홉 시절보다 더 작아졌다. 하지만 표정만큼은 그 시절보다 훨씬 행복하다. 실제로 엄마는 당신의 스물아홉, 서른아홉 시절보다 지금이 훨씬 즐겁다고 말씀하신다. 그런데 어쩐지 엄마가 내는 목소리는 점점 외할머니와 닮아 간다. 엄마와 통화를 하다 보면 돌아가신 외할머니와 통화하는 기분을 종종 받는다. 서른아홉 엄마의 목소리는 기억나지 않지만, 외할머니 목소리만큼은 절대 잊지 못할 것 같다. 외할머니로 점점 변신하고 있는 엄마 덕분이다.

가시덤불처럼 억셌던 청춘과 뼈가 사무치도록 외로웠던 중년을 견디고 비로소 행복한 노년을 맞이한 우리 엄마. 엄마가 밤마다 땅을 치고 울었듯 나 역시 언젠가 그런 순간을 맞이하게 될 것이다. 그 당시 엄마보다 조금 더 나이 먹은 나도 이 상황이 상상이 되질 않는데, 그 젊은 나이에 외할머니를 잃어야 했던 엄마는 얼마나 막막하고 암담했을까. 엄마가 지금 누리는 행복이 더 길게 유지되길, 나와 엄마가 영영 헤어지는 순간이 부디 지금보다는 훨씬 더 먼 미래에 있기를 간절히 바라본다.

마지막 수업

　이 소년은 내가 스스로 등하교를 할 수 없는 중증 장애 학생을 위한 순회 교사를 했을 때 만났던 학생이다. 소년은 잠이 참 많았다. 수업 시작과 동시에 잠에 드는 경우가 부지기수였다. 학부모께서는 잠이 든 학생을 억지로 깨우면 발작을 일으킬 수 있기 때문에 절대 깨우지 말고, 그대로 수업을 진행하는 것을 요구하셨다. 소년은 수업 열 번 중 여덟 번 잠에 들었다. 그가 잠에 들면 난 크게 내적 절규를 하며 혼자만의 수업을 진행했다. 잠든 아이의 손을 잡고 한 시간 동안 수업을 진행하는 건 쉽지 않은 일이었지만 어느 순간부터 이런 일은 내 일상이 되었다.

　열 번 중 두 번에 해당하는, 잠들지 않는 날의 소년은 평소답지 않게 눈이 참 또랑또랑했다. 그런 날의 소년은 내 손을 잡고 집안 여기저기 돌아다니길 원했다. 언제 발작을 일으킬지 모르는 소년의 몸을 지지한 채로 난 그와 함께 집 안을 두루두루 살폈다. 거실에는 소년이 장애를 갖기 전에 찍었던 사진이 가득했다. 얼굴 가득한 미소를 보니 이 소년이 얼마나 총기가 흐르던 아이였는지 절로 알 수 있었다. 저 모습을 기억하는 가족들은 지금 이 소년의 모습을 보면 얼마나 마음이 아프겠냔 생각이 불쑥 들 때도 있었지만 이내 고개를 저었다. 나는 학생을 가르치러 온 교사지 그 이상의 감정을 헤집을 필요는 없으니까.

그가 내 우쿨렐레 연주를 들을 때도 가끔 눈을 뜨곤 했다. 우쿨렐레 연주는 누워만 있는 중증 장애 학생들과 함께 공부하기 위해 개발한 나만의 장기인데, 둔탁한 손가락으로 줄을 튀기며 만드는 소리는 내가 들어도 정말 최악이었다. 문 너머 학부모님들이 들었을 땐 얼마나 웃기게 들렸을까. 하지만 '서당 개 3년이면 풍월을 읊는다'라는 말처럼 나 역시 어느 순간 연주 및 노래 실력이 늘었다. 그때부터였다. 소년은 내가 우쿨렐레를 꺼내 연주를 시작하면 닫혀 있던 눈꺼풀을 열고 나를 지그시 바라보곤 했다.

여름 방학식 날, 1학기 마지막 수업을 했다. 수업이 좀 일찍 끝나서 십 분 정도 우쿨렐레를 연주하며 동요를 불렀다. 수업을 마칠 시간이 되어 우쿨렐레를 정리하자 소년이 불쑥 자리에서 일어났다. 그는 내 등 뒤로 성큼성큼 기어가더니 날 꼭 껴안았다. 소년의 체온이 내 등 뒤에서 느껴졌던 순간, 그가 나에게 '그동안 같이 공부해서 즐거웠어요.'라고 말하는 것만 같았다. 중증 장애 학생은 신체에 여러 제약이 많아서 수업 중 피드백을 주는 경우가 참 드물다. 기껏해야 표정 변화, 거친 숨결 정도로 학생이 느끼는 감정과 그날의 컨디션을 추측할 뿐이었다. 근데 이렇게 적극적으로 자기 마음을 표현하다니. 순회 교사로 일하는 동안 알게 모르게 쌓인 고단함이 한순간에 녹아내리는 듯했다.

그해 여름 방학은 참 길었다. 두 달이 넘는 여름 방학을 보내고 소년을 다시 만났을 땐 어쩐지 1학기 때와 느낌이 달랐다. 예전에도 수업 중 잠을 종종 자곤 했지만 2학기 때는 그 잠의 깊이가 유독 깊었다. 학부모님께 이런 인상을 말씀드리니 병원에서도 원인을 딱히 못 찾았다면서, 성장기이기 때문에 더 크고 이렇게 잠을 자는 것 같다고 대답하셨다. 소년이 잠에 드는 것은 더 이상 새삼스러운 일이 아니었기 때문에 난 평소처럼 잠든 소년의 손을 붙들고 수업을 진행했다.

11월이 되기 시작하며 소년은 몸이 조금씩 아팠다. 처음엔 단순한 감기인 줄 알았다. 하지만 감기는 증세가 호전되지 않고 오히려 더 나빠졌다. 그러면서 소년은 수업을 빠지기 시작했다. 중증 장애 학생은 감기에 걸려도 폐렴으로 금세 진행되어 크게 아프게 되는 경우가 많다. 하지만 집중적인 치료를 받으면 건강을 회복해서 다시 만날 수 있게 되었기 때문에 소년 역시 그렇게 될 것이란 막연한 희망이 있었다.

12월, 1월이 되어도 난 소년과 함께 공부할 수 없었다. 긴 여름 방학 때문에 겨울 방학이 없던 관계로 가르치던 아이들 앞에서 겨울 내내 각종 캐럴 노래를 많이 연주했다. 우쿨렐레를 연주할 때마다 머릿속에 소년의 얼굴이 둥실 떠올랐다. 그리고 우리가 다시 만나면 이 노래들을 꼭 들려주고 싶었다. 그러면 소년은 지난여름 방학식 날처럼 다시 빙그레 웃으며 날 꼭 안아 주겠지.

 2월이 되자 소년의 학부모님께 연락이 왔다. 소년은 병상에서 죽음과 사투를 벌였다. 하지만 이제 소년 생의 마지막 순간을 준비해야 한다고 말씀하시며 마지막 수업을 진행했으면 하셨다. 오랜만에 소년의 집으로 향하는 길, 불안의 그림자가 스멀스멀 나에게 드리워지기 시작했다. 3개월 만에 만난 소년의 모습은 내가 알던 그 소년의 모습이 아니었다. 하얗던 피부는 샛노랗게 변해 있었고, 뼈와 가죽만 앙상하게 남은 채 온몸을 부들부들 떨고 있었다. 이 떨림은 영 멈추지 않아서 소년은 더 이상 잠에 들 수가 없었다. 소년의 활동 보조인은 이 떨림이 멈추길 바라는 마음으로 소년을 어미 새처럼 꼭 품었다. 그녀 품 안의 소년은 잠시 떨림을 멈췄지만 품 밖으로 벗어나면 이내 강한 떨림을 보였다.

 이런 소년의 모습을 보니 오늘이 정말 그와 마지막 수업을 하는 날이라는 것이 실감 났다. 소년을 위해 내가 할 수 있는 게 무엇이 있을까. 곰곰이 생각했다. 우쿨렐레 연주였다. 그가 좋아했고 나 역시 그를 위해 해 주고 싶었던 것. 철 지난 캐럴을 그 앞에서 연주하며 노래를 불렀다. 이 비극적인 상황에서 우쿨렐레를 뜯고 있는 내 모습이 정말 우스꽝스럽게 느껴졌다. 연주가 끝나고 그를 바라봤다. 그는 어느새 잠들어 있었다. 잠이 들어서인지 몸의 떨림은 멈췄다. 내 우스꽝스러운 연주가 그에겐 좀 편하게 느껴졌던 것일까. 잠시나마 그에게 짧은 쉼을 준 것 같아 다행이다 싶었다.

나는 소년의 장례식장에 앉아 있다. 내 수업이 끝난 다음 날이다. 슬프다. 괴로웠다. 하지만 가족들이 겪을 슬픔의 크기에 내 슬픔을 어찌 비교할 수 있을까. 너무나 커다란 슬픔 앞에서는 힘내라는 말조차 할 수 없다는 것을 새삼 알게 되었다. 장례식장에서 주는 육개장을 먹는 내 모습이 비현실적으로 느껴졌으나, 난 다음 날에도 또 그다음 날에도 아무 일 없던 사람처럼 수업하고 각종 행정업무를 해야만 했다.

꽃 피는 봄이 오고 밝은 햇살이 내 몸에 내리쬐면 어쩐지 소년의 얼굴이 떠오른다. 지금은 천국에서, 아프기 전의 모습으로 돌아가 온 대지를 뛰어다니고 있을 나의 소년.

넌 지금 여기 없지만 내 마음속에서는 영원히 살아 있을 거야. 먼 훗날 우리가 다시 만나게 된다면 여름 방학식 그날처럼 날 꼭 안아 줘.

북두칠성 아래,

 참 뜬금없는 수학여행이었다. 모든 행사가 마무리되고 겨울 방학만을 기다리고 있는 12월 초, 이미 상반기에 수학여행을 다녀온 전교생을 대상으로 1박 2일 여행이 이렇게 결정이 되어 버리다니. 지금이라면 상상할 수 없는 일이지만 적어도 2010년에는 충분히 가능한 이야기다. 갑작스럽게 떠나게 된 여행이었지만 버스 안의 아이들은 싱글벙글한 표정을 감추지 못했다. 그렇게 전교생과 전 교직원은 강원도 어느 수련원으로 떠났다.

 설렘에 들뜬 하루를 보낸 학생들은 밤이 깊어지니 눈꺼풀이 묵직해지기 시작했다. 밤 10시도 되지 않았는데 학생들이 모두 잠들었다. 아이들이 쌕쌕거리는 숨소리를 들으며 잠을 자기 위해 애썼다. 하지만 그럴수록 몸을 뒤척이는 횟수만 늘어날 뿐이었다. 그러던 와중 바깥에서 깔깔거리는 웃음소리가 들렸다. 저 소리는 귀신 웃음소리일까, 아이들이 잠든 틈을 타 한 잔씩 걸치는 교사들의 웃음소리일까. 전자라면 궁금하지 않지만, 후자라면 나도 저 틈에 껴서 함께 웃고 싶다. 잠시 고민하다가 침상을 정리하고 바깥으로 나갔다. 누워 있던 방에 비하면 문밖은 너무나 선득했지만 곧 마시게 될 알코올이 내 몸을 뜨끈하게 데워 줄 것이니 딱히 문제가 되진 않았다.

"선생님, 어디 가세요?"

뒤에서 들려오는 낯선 남자의 목소리에 고개를 돌렸다. 내 뒤에 있던 그 남자는 얼마 전 우리 학교에 배치받은 사회복무요원이다. 그의 첫인상은 매우 강렬했다. 하늘색 점퍼를 걸치고 쫙 달라붙는 스키니진을 입고 정장 구두를 신은 모습. 나도 옷을 참 못 입는 편인데 이 사람은 이런 나조차 할 말을 잃게 만드는 '워스트 드레서'였다. 교장선생님이 교직원 회의 시간에 이 사람을 교직원 앞에서 인사시켰다. 그리고 상당히 의례적으로 그의 학벌을 교직원 앞에서 공표했다. 고만고만한 학벌을 가진 교직원들에 비해 그는 상당히 우월한 학벌을 가지고 있었다. 출신을 들으니 저 엉망진창 패션이 좀 이해가 됐다. 그래, 공부만 하느라 아무거나 걸치고 다녔던 것이었구나, 그랬구나.

그에게 술자리를 찾아가는 길이라고 설명했다. 대답을 들은 그는 마침, 본인도 술자리를 찾아가고 있다면서 자기와 함께 이동하자고 말했다. 함께 술자리를 찾아가는 길, 참 뻘쭘했다. 밤하늘을 올려다보니 검은 하늘에 반짝이는 별들이 수놓아져 있다. 그러고 보니 그가 재학하는 학과가 엄청 특이했던 기억이 났다. 무려 천문학과. 어색한 공기를

북두칠성 아래, **017**

타파해 보고자 궁금하지도 않은 이야기를 괜히 꺼내 보았다.

"재학 중인 학과가 천문학과라고 들었어요. 거기서는 별자리 같은 것도 배워요?"

내 맥락 없는 질문에 그는 차분히 대답했다.

"학교에서는 별자리를 배우진 않아요. 하지만 천문대 아르바이트를 하느라 본의 아니게 별자리에 대해 많이 알게 되었어요. 지금 우리 머리 위에 있는 별자리는 '북두칠성'이에요."

그의 손가락 끝에 북두칠성이 대롱대롱 걸려 있다. 나는 별자리에 대해서는 잘 모르지만, 북두칠성만큼은 아주 정확히 알고 있다. 내 얼굴에 태어났을 때부터 북두칠성 모양의 점들이 있었기 때문이다. 꼬마 때는 별자리가 내 얼굴에 있다는 것이 참 마음에 들었다. 그러나 성인이 되니 북두칠성은 그저 잡티로만 보였다. 그래서 최근 레이저로 그 북두칠성을 없애 버린 참이었다. 근데 내가 애써 지워 버리려고 했던 존재가 검은 밤하늘 위에 저렇게 아름답게 걸려 있는 모습을 보니 뭔가 부끄러운 감정이 들었다.

북두칠성 아래 캄캄한 길을 핸드폰 불빛에 의지해 걷다가 어느 숙소 안으로 들어갔다. 그곳에 들어가 술을 여러 잔 들이켜며 하하호호 웃었다. 술을 많이 마셔서 그런가? 내 앞에 앉아 있는 저 사회복무요원이 어쩐지 잘생겨 보인다. 그러던 와중에 그 사회복무요원이 나에게 이상

형이 어찌 되느냐고 묻는다. 살면서 내 이상형을 궁금해하는 사람이 있을 줄이야. 감사한 마음을 가지고 친절히 답했다.

술자리가 마무리되고 각자의 숙소로 돌아갈 시간, 사회복무요원이 굳이 내 발밑에 핸드폰 불빛을 환히 비춰 주며 바래다주겠다고 한다. 그런 불빛이 없어도 충분히 걸을 수 있을 정도로 내 밤눈은 밝은 편이지만 그의 호의를 거절하지 않았다. 둘이 다시 함께 걸어가는 길, 북두칠성은 여전히 그 푸르스름한 빛을 발하며 하늘을 밝히고 있다. 본인을 지워 버리고 싶어 했던 나에게 서운했을 만도 한데, 그럼에도 불구, 다시 만난 나를 보고 환하게 웃는 모습처럼, 그렇게 반짝거렸다.

올해 불혹이 된 내 얼굴엔 북두칠성이 아니라 은하수 수준으로 잡티가 쫙 깔려 있다. 당시 사회복무요원, 현재 내 남편의 칠흑 같던 머리카락엔 어느덧 하얀 서리가 내렸다. 문득, 빛 공해 없이 칠흑 같은 하늘 위에 수놓아진 은하수를 바라보고 싶다. 그러고 보니 우리가 이렇게 늙어 가는 동안 함께 은하수를 본 적은 없다. 올해가 지나기 전에 함께 은하수를 보러 가자고 그에게 말해 봐야겠다.

광화문, 어느 카페에서

2019년 8월 중순, 이제 막 1정 정교사 연수를 마친 때였다. 방학 없이 공부만 했던 나를 위해 뭔가를 해 주고 싶단 생각이 들었다. 그래서 호텔 1박과 마사지 관리, 그리고 호텔 중식당을 예약했다. 함께하는 사람은 없다. 오직 나 홀로 즐기는 호캉스. 누군가가 보면 비싼 돈 주고 지지리 궁상이라고 생각할 수도 있겠지만 나는 누군가와 함께 휴양을 즐기는 것은 익숙하지 않아 혼자인 지금이 좋다.

호텔 1박을 마치고 중식당에 갔다. 네 개의 코스로 이뤄진 식사를 마치고 나니 배부름으로 인한 불쾌감이 슬그머니 올라온다. 이럴 땐 산책이 정답이지만 지금은 8월의 한낮이 아니던가. 도대체 어디로 가야 할지 고민하던 찰나, 머릿속에 어느 공간이 딱 떠오른다. 그렇지, 나에겐 이곳이 있었지. 따가운 햇빛 속에서 발걸음을 바쁘게 움직였다.

시청역 어느 호텔 건물 안에 있는 카페, 이곳은 내가 공부하던 백수 시절에 종종 가던 곳이었다. 당시 대학 동기와 함께 주말마다 공부했던 장소는 종각역에 있었다. 서너 시간가량의 지지부진한 공부를 마치면 그제야 주말의 여유를 만끽할 수 있었다. 하지만 그 여유시간을 굳이 종각에서 보내고 싶진 않았다. 걷기 좋은 날엔 종각역에서부터 광화문까지 찬찬히 걸어가며 지난 일주일을 곱씹곤 했다.

 광화문은 발 닿는 곳마다 시끌벅적하다. 머리에 붉은 띠를 두르고 입을 굳게 다물고 있는 무리, 손에 태극기와 성조기를 동시에 들고 어디론가 바삐 움직이는 어르신들, 그 사이를 빠르게 지나가고 있는 피부색 다른 이들. 누군가는 이러한 광화문의 번잡함이 싫어서 가능한 한 이곳에 오지 않는다고 말했던 기억이 난다. 하지만 나는 그 점이 좋다. 서울 한복판에 펄펄 끓는 용암이 이글거리는 것만 같아서. 광화문이라는 지역은 그 땅을 이루는 생명들이 내쉬는 거친 호흡이 느껴지는 그런 동네다.

 광화문 여기저기를 돌아다니며 세상 구경하다가 지칠 때쯤, 나는 위에서 언급한 카페로 가곤 했다. 그곳의 커피 맛은 참으로 시큼했다. 신선한 원두를 쓰면 그렇다는데 이 카페 커피 특유의 산미가 아무리 먹어도 익숙해지지 않는 나는 묵은 원두만 먹어야 하는 슬픈 운명을 타고난 건가. 디저트라도 맛있으면 참 좋으련만, 애석하게도 이것들마저 내 입맛에 맞지 않았다. 내 취향이 아닌 커피와 디저트를 파는 곳인데 나는 왜 이곳에 꾸역꾸역 오는 것일까. 그 이유는 내가 이 카페 특유의 분위기에 이끌린 탓이다. 이곳은 일반적인 카페보다 조도가 살짝 낮다. 그 덕분에 특유의 아늑함이 생겼다. 손님들이 착석하는 테이블도 딱딱한 간이 의자가 아닌, 푹신한 소파가 대부분이다. 자리에 등을 기대고 눈을 감으면 소파를 둘러싼 간질간질하고 포근한 직물이 내 몸을 감싸주는 기분이 든다. 그곳에 앉아 밖을 바라보면 창밖의 거친 소란은 그저 남 일처럼 느껴진다.

그러나 이 카페에서 내가 가장 좋아하는 공간은 이 소파 좌석이 아닌, 2층에 있는 바(bar) 자리다. 이곳의 의자는 다소 딱딱하고 상대방을 마주 보며 이야기할 수 없는, 말 그대로 1인석이다. 바 자리에 앉아 정면을 바라보면 살짝 어둡지만 그래서 아늑한 카페 분위기, 소파에 앉아 있는 사람들이 짓는 편안한 표정, 커피콩에서 에스프레소가 뽑아져 나올 때 풍기는 고소함을 단숨에 만끽할 수 있다. 어쩌면 나는 이 풍경을 보며 지난 한 주간 느낀 긴장을 풀기 위해 자꾸 이 카페로 찾아갔던 모양이다. 백수 시절 했던 공부가 마무리되자 내가 이곳에 찾아올 일은 딱히 없었다. 하지만 내 몸과 마음에 쉼이 필요할 때 이 공간이 저절로 떠오르는 것을 보면 그때의 내게 이 카페가 줬던 위로는 생각 이상으로 컸던 것 같다.

지금은 마침 중국 음식을 먹어 속도 더부룩하다. 이런 불편을 해소하기에는 아이스 아메리카노만 한 것이 없다. 음료를 시켜 한입 먹었다.

원두 특유의 산미는 여전했다. 커피인지 식초인지 헷갈릴 정도다. 하지만 아늑함 역시 여전했다. 화산이 폭발해서 펄펄 끓는 용암이 흘러나오는 듯한 뜨거운 열기를 지닌 광화문, 그 한복판에서 이런 오아시스를 발견해 낸 것이 나에겐 얼마나 큰 행운인가. 먼 훗날, 중년 아줌마에서 할머니가 된 내가 여전히 이곳에 앉아 시큼할 아메리카노를 마시며 미간을 찡그리고 있을 모습을 상상한다. 이 상상이 부디 나와 이 카페의 미래가 되길 바란다.

온전히 사랑받는 사람

　생일. 어릴 적엔 전날부터 심장이 콩닥콩닥 나대고, 그 파동이 안면 근육까지 와닿아서인지 입꼬리는 올라가고, 눈꼬리는 처진다. 어깨는 들썩이고, 의자에 앉아 있는 발끝은 까닥까닥 쉴 새 없다. 생일파티라도 예정되어 있다면 누구를 초대할지, 어떤 옷을 입을지 파티 기획자처럼 둥둥 떠다니는 질문들이 채워져 행복한 기억으로 떠오른다.

　엄마가 되고 생일은 '월화수목금토일' 중 하나의 날일 뿐이다. 가족들 기념일은 생일보다 우선순위가 되고, 챙겨야 하는 일상들이 늘어 갔다. 서운함보다는 당연함으로 그렇게 되어 갔다. 남편이 챙겨 주는 케이크에 가족이 두런두런 둘러앉아서 촛불이라도 켜는 게 전부다. 큰아이가 거실과 주방 불을 끄고, 남편이 성냥에 불을 붙이고, 작은아이의 "나도 할래" 하는 소리가 동시다발적으로 일어난다. 생일 축하 노래가 시작하는 순간, 촛불 빛은 어린 나의 생일 전야제부터 생일 당일까지 설렘을 박수 안에 압축해 놓은, 농도 깊은 순간으로 만들어 준다. 내 생일 시작과 끝이 그렇게 마무리되는 순간, '드르륵드르륵' 식탁 위에 있던 핸드폰이 떨리고 있다. 무심히 핸드폰을 왼손으로 잡고 중지로 옆면 작은 버튼을 눌러 화면을 켠다. 오른손 엄지손가락 지문만으로 들어갈 수 있는 내 세상으로 들어간다. 문자 아이콘을 누르니 택배회사에서 온 연락이다. 내가 주문한 건지 무슨 물건인지 머리를 굴리려는데 내가 아는 분 이름이 보인다. 주인공은 시어머님이다.

    울진에 홀로 사시는 시어머님은 종종 택배를 보내 주신다. 시댁은 바다와 가까운 산 밑에 자리 잡은 아담한 단층집이다. 온통 산으로 둘러싸여 있어 아침에 일어나 유리문을 열고 앉으면 사계절을 직관할 수 있다. 나도 모르게 마당으로 뛰쳐나간다. 몸은 가만히 서 있고, 찬찬히 예쁜 그림책을 고이고이 펼쳐 보듯 고개가 오른쪽부터 왼쪽까지 동영상 0.5배속처럼 돌아간다. 봄, 여름, 가을, 겨울 온몸에 다가온 온도와 눈 안에 들어온 풍경들은 온몸에 있는 감각을 살려내고 나를 깨운다. 어디서나 쉽게 느낄 수 없는 일기장 같은 명소다.

    넓은 마당을 가운데 두고 오른쪽 작은 텃밭 한가운데에 봄에는 파, 여름에는 옥수수, 가을에는 배추가 줄을 맞추고 있다. 밭 가장자리에는 아기자기한 어머님 같은 방울토마토, 가지, 상추가 싱그럽게 자리하고 있다. 시댁 아래에 있는 밭에는 고추, 옥수수를 심고, 오른쪽 구석에는 우리 가족이 먹을 수 있는 청란을 낳아 주는 닭이 사는 집이 있다. 어머님이 보내신 '생물'이라고 적힌 하얀 스티로폼 상자에서 달걀, 반찬, 각종 채소가 층층이 쌓인 탑처럼 흐트러짐 없이 고스란히 우리 집 식탁까지 온다.

이번에 배달된 택배 상자에는 찰밥, 미역국, 울진 대표 생선 '가자미' 그리고 잡채가 있다. 어머님이 손수 준비해 주신 생일상이다. 사람들이 말하는 보통 먹는 생일상과 다름이 없다고 할 수 있겠지만 꽁꽁 얼려진 잡채는 내 마음에선 이미 어떤 음식보다 뜨겁다.

남편과 결혼 준비로 상견례를 할 당시 양쪽 다 아버님이 안 계시고 두 어머님만 계신 상황이었다. 어머님은 친정어머님과 밥 한 끼 하자며 집으로 부르셨다. 어머님께서는 남편에게 "그 애는 뭘 좋아해?" 물으셨고 남편은 "잡채"라고 대답했다. 그때부터 시작된 잡채는 어머님 머리에 박혀 버렸다. '며느리=잡채'처럼.

시댁에 명절이나 휴가, 아버님 기일에 가도 밥상엔 꼭 잡채가 있다. 나와 약속하진 않았지만, 어머님은 약속하신 것처럼 말이다. 첫째 아이를 낳고, 산후조리를 할 때도 싱크대에 서서 당근 하나하나 써시는 어깨를 봤고, 둘째를 낳고도 집에 오셔서 며느리 먹게 하려고 당면 데치시는 모습을 봤다. 큰아이 장애 진단받고, 어머님께 엎드려 울었던 날도 난 여느 때처럼 잡채를 입에 넣고, 위로를 삼켰다.

기쁜 날도 울적한 날도 슬픈 날도 회복하는 날도 평범한 날도 어머님 잡채는 한결같았다. 10년이 훌쩍 넘은 결혼 생활에 어머님이 해 주신 잡채를 먹은 시간과 그릇 수는 차곡히 차곡히 쌓여 있다. 어느새 커져 버린 사랑이다. 한 번에 느끼는 사랑이 아닌 가랑비에 젖어 가듯 서서히 스며든 사랑이었다. 어머님이 계신 시댁을 가기 전날, 마음이 편안하게 느껴지는 건 나를 온전히 사랑해 주시는 마음이 닿아서다. 늘 부족하고, 주신 사랑만큼 보답하지 못하는 죄스러운 마음에 내가 할 수 있는 건 어머님 마음을 편히 해 드리는 것뿐이다.

"어머님, 우린 잘 지내요, 너무 잘 키운 아들 주셔서 감사드려요, ○○도 ○○이도 학교생활 잘하고 있어요."

"니 덕이야! 니가 고생한다. 좋은 날이 올 거야."

어머님은 답하신다. 그저 목이 멘다. 이런 어머님의 따뜻한 사랑은 종종 보내오시는 문자를 통해서도 전해진다.

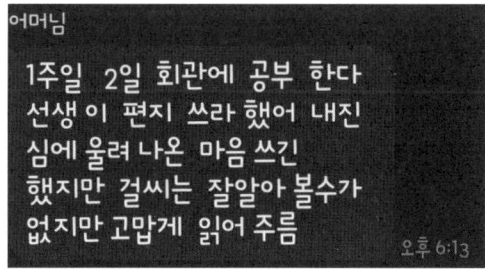

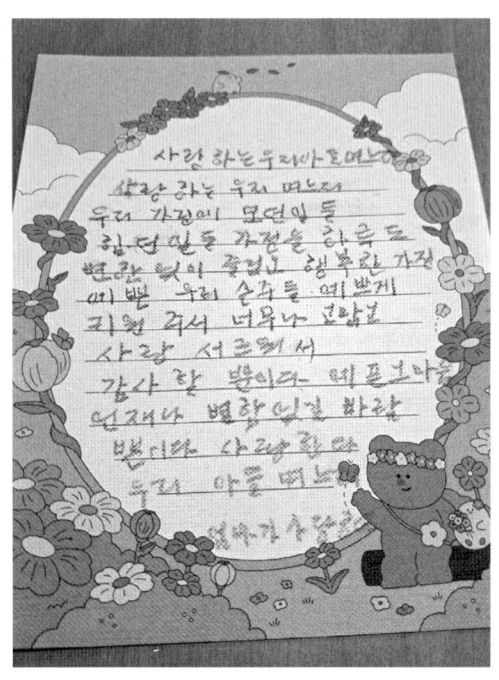

매년 1월 1일이 되면 보내 주시는 동그랗고 빨간 해 사진 안에 기도하고 계실 어머님이 보인다. 여든을 바라보시는 자식에 대한 한결같은 노모 마음은 더 깊고, 더 단단하다. 자식을 생각하는 마음을 어머님께 배운다. 책상 앞에 앉아 강의나 책에서 배울 수 없는 깊은 사랑을 몸소 받으며, 내가 누군가에서 온전히 사랑받는 사람임을 깨우쳐 주신 어머님 감사드린다.

"어머님, 사랑합니다."

지구별 여행자에게 보내는 편지

지금 생각하면 어릴 때부터 아이들이 좋았어. 우리 집은 큰집이라 제사를 지냈지. 집 한 채에 앞쪽은 가게, 뒤쪽은 집이 있는 '가겟집'이었어. 손이 크신 할머니는 친척들, 손주들 먹이신다며 제사장을 잔뜩 봐 오셨어. 엄마는 가게 일 보며 음식 장만을 하셨어. 손님 맞고, 음식 준비하는 엄마의 고충도 모르고, 북적북적하는 분위기를 즐겼지. 나는 참 어렸네. 어른들이 음식 준비하시면 어린 엄마는 방에 동생들 데리고 들어가 스케치북, 가위, 풀 꺼내서 퍼즐도 만들고, 그림책도 읽어 주고, 학교 놀이를 했어. 학교에서는 부끄러움이 많아 발표만 하면 얼굴이 빨개지고, 선생님이 불러 친구들이 나를 쳐다만 봐도 숨고 싶은 나였는데 말이야. 어린 엄마는 선생님이 되는 건 너무 좋았나 봐. 앞에 있어도 하나도 부끄럽지 않고, 오히려 동생들이 내 말에 또랑또랑한 눈으로 보고 있으면 나에게 딱 맞는 옷을 입고 있었다는 걸 그때 알았던 것 같아.

나는 그렇게 꿈을 이루고 유치원 선생님이 됐어. 꼭 정해 놓은 길이 있는 것처럼 자연스럽게 말이야. 엄마는 일이 참 좋았어. 일을 하다 보니 아이들이 행복해서 웃는 모습에 오히려 내가 행복했어. 장난치고 말썽부리는 친구들이 엄마를 잘 따르면 능력을 부여받은 사람처럼 더 좋은 선생님이 되고 싶었어. 아이들을 더 깊이 이해하기 위해 놀이치료를 공부했어. 누가 나에게 예견한 것처럼 말이야.

  엄마는 결혼했어. 아빠는 할아버지처럼 책임감을 가진 사람이었어. 그땐 엄마가 그게 결혼에서 제일 중요했나 봐! 네가 학교에 가기 싫을 때도 가방을 메고 가는 성실함 말이야. 아빠는 그런 사람이었어. 넌 엄마와 같은 양띠지. 엄마와 같은 띠로 태어난 네가 참 귀하고 귀했어. 엄마가 태교 중에 봤던 변요한 사진을 무색하게 할 정도로 엄마 마음에 쏙 드는 신생아 얼굴이라 너를 낳을 때 24시간 동안 무통 주사 없이 너무 아파 소리소리 질렀던 기억이 순식간에 사라졌지.

  넌 참 순했어. 내 복이라 생각했고, 잘 자고 잘 먹는 네가 그저 기특했지. 아기가 심하게 울어 잠도 못 자고, 저지레 많이 해서 힘들다는 다른 엄마들 얘기에도 너의 순함을 그저 고마워했지. 하지만 점점 엄마 드라마가 이상하게 흘러갔어. 내가 전공한 유아 교육과 놀이치료는 너의 장애를 눈치채기 위해 신이 미리 짜 놓은 계획이었다는 듯 너에게 장애가 있다는 사실을 돌 전에 알아 버렸어. 그 당시엔 사실 아무렇지도 않았어. 배 속에 생명이 있었는데 동생을 낳고 '널 어떻게 해야 할까'

하는 생각, 그 하나밖에 없었어.

  아기를 낳으면 몸을 따뜻하게 해야 하는데 엄마는 맨발에 반팔 티를 입고 너랑 놀이터에서 놀았어. 아무도 없이 너만 존재한 시간에 살았어. 모든 계획은 너에게만 맞춰졌어. 아기띠를 하고, 한 손에는 기저귀 가방, 한 손에는 아무 곳이나 뛰어다니는 너의 손을 꽉 잡고 치료실을 갔지. 아직 기저귀를 하는 너를 치료실 안에 넣고, 치료실 밖에서 동생을 안고, 분유를 타서 먹이면서도 아무렇지도 않았어. 치료실 안에 있는 네가 더 힘들 거라는 생각뿐이었어. 오직 너뿐이었으니까.

  그런 시간이 흐르고 흘러가는 어느 날 밤, 아빠는 야간 근무로 집에 없었어. 평소 잘 자던 동생이 계속 우는 거야. 넌 동생 소리에 잠을 못 자고, 동생을 업고, 널 안고 "자장자장 우리 아기" 자장가를 부르고, 잠든 너희들을 하나둘 침대에 눕히고, 침대에서 내려와 침대를 등받이 삼아 앉았어. 깜깜한 방이지만 무섭지 않았어.

  '내일도 오늘과 똑같겠지? 내일 아침에 눈 뜨고 싶지 않아.'
  이런 생각에 하염없이 눈물범벅이 된 그날 밤은 아직도 살아 있어.

  엄마는 그날 죽음을 생각했지만, 엄마 없이 이 생활을 오롯이 감당할 아빠가 생각났어. 그렇다고 너희들을 데리고 죽을 수도 없었어. 그렇다면 방법은 한 가지, 사는 것. 긴 터널 속에서 걷고 있는 나를 데리고 나오는 거였어. 그리고 터널 밖에서 기다리고 있는 아빠와 동생이 떠올랐어. 아빠는 지친 엄마에게 아무 말도 하지 못했고, 엄지손가락을 심하게 빨아 다 헐어 버린 동생 손가락도 보였어. 동생 3살 때 어린이집에서도 여러 가지 시도를 해 보신 끝에 걱정하시며 "손 빠는 거 못 고칠 거예요!"라고 말하셨지만, 엄마는 아랑곳하지 않았어. 엄마는 동생이랑 마주 앉아 친구들 이름을 하나하나 불렀어.

"와! 여기에 친구들이 놀러 왔네! 아빠 손가락은 지은이, 엄마 손가락은 승준이, 오빠 손가락은 아영이······"

놀다가 잠이 들어 버린 동생 입에 쏙 들어간 엄지손가락을 빼서 기도하며 잤던 날들을 쌓아 예쁜 손가락을 만났지. 그 후로 동생과 기차 여행도 다녀오고, 가을 공원 산책도 다니고, 동생과 보낸 시간도 엄마에겐 중요한 시간이 되었어. 일만 하다가 지친 아빠와 자전거를 함께 타기도 하고, 영화도 보고, 너무 늦었으나 엄마의 시간은 아빠에게도 향했어. 결국 나누어진 시간이 필요했던 거야.

그리고, 그리고 엄마라는 이름 안에 숨을 죽이고 있던 나를 일으켰어. 어차피 네 장애는 이번 생에 우리에게 주어진 운명이니 덜컹거리지 않게 잘 안고 가려면 나를 챙겨야 하기도 했어. 돌봄을 해야 하는 돌봄자의 쉼과 휴식이 더 큰 사랑을 줄 수 있다는 것도 배워 나갔어.

지금까지 긴 시간을 걸어오면서 엄마가 제일 벅차오르는 순간은 우리 가족이 다 같이 웃고 있을 때야. 그러려면 각자 삶이 행복해야 하고, 그 행복을 위해선 서로를 바라보고 있어야 한다는 거야. 엄마는 너를 통해 배우고 있어. 내가 없는 무조건적 사랑보다 내가 살아 있어야 하고, 서로가 충분히 사랑하는 시간 속에 더 큰 사랑을 만들 수 있다는 것을 말이야.

사랑을 가르쳐 주리 온 지구별 여행자, 너를 사랑해.

끝나지 않은 시절 연인

　로맨스 소설이나 드라마를 보면 사랑에 빠진 남녀가 첫 만남부터 시작해 시련이 오가면서 위기에 빠졌다가 결국 사랑을 완성하는 플롯이 많은 부분을 차지한다. 뻔한 사랑 이야기이지만 찐한 사랑을 한 사람에겐 추억을 주고, 하지 못한 사람에겐 대리 만족을 준다. 정상이 어딘지 알고 산을 오르는 등산객처럼 계속 줄거리가 바뀌어도 속아 가면서 그 뻔함을 쓱 밀어 두고 본다. 이런 상황에 꼭 배치된 캐릭터가 있다. 극의 흥미를 더하는 존재 말이다. 여주나 남주 뒤에 꿋꿋하게 서 있는 서브 주인공이다. 주인공들이 힘들면 언제나 마법처럼 순식간에 나타난다. 꼭 어떤 일이 일어날지 알고 준비된 것처럼 말이다. 나에게도 힘들면 그 순간에 나타나는 '남자 조연' 같은 존재가 있다. 지금도 나는 그 애가 내 곁에 있는 걸 안다. 새침한 성격도 아닌데 마음을 표현하지 못한 게 못내 미안스러워 오십 가까이 나이를 먹고 불쑥 마음을 꺼내 본다. 새삼스레 존재에 돋보기를 들고 다가가니 그 애가 놀라지 않았으면 좋겠다.

초등학교 3학년 소위 말하는 아이돌, 나에게도 아이돌이 있었다. 텔레비전에 나오는 박남정, 소방차를 모르는 사람이 없었다. 박남정을 따라 한다며 검지를 코에 가져다가 'ㄴ' 자를 그리고, 손가락을 펴서 'ㄴ' 자를 그려 가며 열창한다. 또, 소방차를 따라 말도 타지 않는데 승마바지 입은 친구들을 쉽게 볼 수 있었다. 그 당시 소방차와 쌍벽을 이루는 '세또래'라는 그룹을 좋아했다. TV에 나온 그녀들을 보며 내가 멤버라도 된 것처럼 연습했다. 세 명이라는 인원수도 맞춰야 하니 친구들한테 찾아가 "우리 세또래 하자"라고 말해서 골목이든 친구 집이든 연습실로 만들었다. 엄마가 불러서 밥 먹기 전까지 땀을 뻘뻘 흘려 가며 연습했다. 선생님이 조사 숙제를 내 주신 어느 날 자료 찾기 어려워 마음에 드는 숙제를 하지 못해 기어가는 목소리로 얘기했다가 창피당한 날도 내 마음을 다독인 건 친구들과 부른 '세또래'의 노래였다.

4학년 때는 엄마가 고이고이 주신 용돈을 모아 탈탈 털어서 용감하게 레코드 가게에 가서 변진섭 2집을 샀다. 그때는 몰랐지만, 밀리언셀러를 기록한 명반이다.
"청바지가 잘 어울리는 여자, 밥을 먹어도 배 안 나오는 여자"
'희망 사항'은 전 국민이 따라 불렀다. 나는 '숙녀에게'에 푹 빠져 있었다. 졸졸 따라다녔던 멜로디는 자다가 깨워도 부를 수 있다. 변진섭 오빠의 서글서글한 표정과 지금 들어도 세련된 음성은 초등학생도 사로잡았으니 말해 뭐해다. 좋아했던 선생님께서 아기 낳으러 반년만 일하시고 떠나셨던 날도 나를 위로해 준 건 변진섭 목소리였다.

    중학교 땐 영화 한 편을 통해 새로운 음악 세계와 만났다. 중학교 1학년 겨울 방학인 어느 날 언니는 친구들과 영화 '보디가드'를 보러 간다고 했다. 친구들과 나가는 언니를 붙잡아 데려가라고 떼를 썼다. 영화도 영화였지만 가수 역으로 나온 실제 가수인 휘트니 휴스턴 노래에 더 매료되었다. 그날 서면 대한극장에서 영화를 보고 나와 주제곡을 어설프게 따라 부르며 바로 레코드 가게에 가서 카세트테이프를 샀다. 그때부터인지 영화를 보면서도 OST도 꼭 찾아봤다. 사운드 오브 뮤직, 시네마 천국, 타이타닉, 노팅 힐. 장면과 음악은 함께 다가온다. 그 시절 학교, 학원, 집을 오가며 특별할 게 없는 일상들, 독서실 1인 책상을 온통 내 공간으로 만들어 준 것은 네 덕분이란 걸 이제 알아 간다.

    고등학교 1학년 때는 부끄러움 많은 내가 'ㄷ' 자로 배열시킨 책상 한가운데 서서 "봄 처녀 제 오시네" 가곡을 부르고 오디션에 합격해 합창단에 들어갔다. 눈을 어디에다 두고 불렀는지 모를 떨렸던 순간이 생생하다. 노래는 혼자가 아닌 함께 부르는 찬란함이라는 걸 깨닫게 되었다. 친구들은 H.O.T와 젝스키스에게 한참 빠져 있었다. 야간 자율학습 쉬는 시간에 친구와 창문가에서 미니카세트에 이어폰 하나씩 나눠 끼고 김경호의 '금지된 사랑'을 들었다.
    '대학 가서 뭐 하고 싶어? 내년엔 뭐 하고 있을까?'

학교 건물 밖 유난히 반짝였던 별들과 달리 왠지 벗어날 수 없을 것만 같았던 고3 시절에도 고개만 돌리면 네가 있었다.

결혼 전 가장 오래 한 일은 '유아 음악 강사'였다. 매일 노래 부르고, 사계절 음악 듣고, 클래식이며, 캐럴이며, OST까지, 음악 속에 살았다. 수업에 가면 아이들과 노래 부르고, 악기 연주하던 십 년이라는 가까운 시간은 지금 생각해도 나에게 딱 맞는 옷을 입고 다녔던 때다. 일이 끝나면 우쿨렐레, 아프리카 악기 젬베 들고 전국으로 배우러 다니고, 공연도 하고 가르치기도 했다. 이쯤 되니 내가 더 좋아한 거 아닌가? 슬슬 의심된다.

결혼해서 다른 지역으로 이사 와서 아이를 출산하고 엄마가 되었다. 혼자 있는 시간을 채워 준 건 핸드폰 플레이 리스트에 가득 담긴 장르 불문의 음악들이었다. 옛 시절 음악은 나에게 쉼이자, 언제나 기댈 수 있는 존재였다. 음악은 또 변화를 맞았다. 5년 전 버티고 버티다 두 아이 손을 잡고 내 발로 직접 교회를 가게 되었다. 그때도 내 어깨를 뒤에서 두드리던 너였다. 차 안에서 듣고 부르면서 둘만 있는 시간은 충분히 위로되고 내가 너를 더 찾게 된다는 걸 확신했다.

한 시절을 툭 잘라 바라보면 장면과 그 시절의 네가 OST처럼 함께 눈앞에 나타난다. 지치고 힘든 순간마다 드라마 남자 조연처럼 튀어나와 날 위로해 줬다고 생각했는데 어쩌면 네가 날 떠날까 봐 꽉 붙들고 살았는지 모르겠다. 더 기억하려고 책에 밑줄을 그어도 못내 사라지는 글자들이지만 내 마음에 시절마다 그어진 너의 밑줄은 사라질 기미가 없다. 카페를 예약하고, 꽃다발과 성심껏 적은 카드를 내밀며 고백할 타이밍이다.

'음악'

내 시절 연인으로 있어 줘서 감사해, 그리고 사랑해.

진심의 반대편에서조차도.

엄마가 내 엄마에게

　아침마다 두 아이에게 무엇을 먹여서 보내야 하나? 최소한의 노력으로 최대한의 비주얼을 만들어 내는 마법을 부려 보고 싶으나 그럴 재주도 없다. 내 요리 데이터는 결혼 생활 십 년을 넘어도 시간에 비례하지 못했다. 운동장 한 바퀴도 못 달리던 내가 꾸준히 달린 덕에 마라톤도 나갈 수 있었는데, 요리 실력은 십 년을 주방에 있어도 아직 동네 산책 수준이다. 친정엄마는 우리 집에 와서 밥해 먹고 사는 내가 그저 신기할 뿐이라고 하신다. 인스타그램에서 요리 쇼츠를 저장하고, 요리 순서를 캡처해 두는 노력만 할 뿐이니 데이터가 늘지 않는 걸 누굴 탓하리. 그나마 있는 한정적 요리 데이터들만 바삐 돌아간다.

　가스레인지 앞에서 긴 한숨을 내쉰다. 요리가 두려운 자책감과 영양을 듬뿍 담지 못한다는 미안함은 남편이 사다 준 커피와 우유가 교묘하게 섞여 버린 라테와 같다.
　마음을 충분히 느낄 여유는 사치다. 일단 등교 전 먹을거리를 만드는 숙제가 먼저다.

오늘은 채소 칸에 있는 양배추를 꺼낸다. 요리 실력으로 할 수 있는 최대한 얇은 두께로 썰어 볼에 담는다. 미리 꺼내 놓은 달걀 세 개를 깨고, 송화 소금을 두 번 쳐서 젓가락을 휘휘 저어 가며 섞는다. 달궈진 프라이팬에 올리브오일을 두 바퀴 두르고 볼에 담긴 재료들을 붓는다. 울퉁불퉁 산 모양인 형체를 뒤집개로 이용해 정형화된 동그라미로 만든다. 삐죽삐죽 솟아오른 양배추 파편들을 누른다. 동그라미 밖으로 튀어나오면 안으로 정성스레 넣는다. 이제 뒤집을 차례다. 전이 되느냐 마느냐의 찰나다. 침을 꼴깍 삼킨 후 프라이팬 손잡이를 잡고 두꺼운 솜이불 안에 물건을 찾듯 세상 조심스럽게 밀어 넣는다. 이젠 내 손목 스냅을 믿어야 한다.

'야호 성공이다.'

뒤집어진 양배추 전은 전쟁에서 승리한 것처럼 살아 있다. 노릇노릇하게 동그란 해처럼 떠서 온전히 나를 향해 웃고 있다. 구워진 전을 나무 도마 위에 조심스레 올려놓는다. 지인이 보내 준 독일제 식칼이 실력을 발휘할 차례다. 칼로 반듯하게 자른다. 자로 잰 듯이 가로 네 줄, 세로 네 줄이다. 이럴 땐 내 미적 감각이 고맙다. 급하다고 젓가락 한 손씩 잡아 막 찢지 않아 다행이다.

가지런히 잘린 양배추 전을 식탁에 앉아 있는 아이에게 가져간다. 모양이 흐트러질까 봐 도마 그대로 들고 갔다. 아이가 말한다.

"난 먹고 싶지 않아."

도마 위에 열을 맞춘 빙고 게임판 같은 양배추 전인데……. 아이 엄지손가락은 과감하게 아래로 향해 있다. 숟가락으로 밥을 떠서 김 한 장에 무심히 감싸 입안에 마구 구겨 넣는다.

눈이 동그래지고 안면 근육이 하나씩 마비 증세가 일어난다. 점점 내 깊은 호흡은 모일 대로 모아져 입은 커다란 성문처럼 닫혀 길 잃은 숨들은 코로 향한다. 코에서 바람이 나오려고 발동을 거는 순간 내 말이 먼저 나왔다.

"○○야 빙고 게임을 하자. 9개 네모 보이지? 어떤 줄이든 세 줄만 먹으면 이기는 거야."

아이는 김을 집으려다 멈춘다. 나를 한 번 보고, 양배추 전을 쳐다본다. 순식간에 한 줄에 있는 세 조각이 사라졌다. 또 한 줄, 또 한 줄. 도마 위 양배추 전은 다 사라지고 승리한 아이는 학교에 갔다. 힘들게 한 요리를 다 먹고 보낸 승리, 환희와는 달리 뭐라도 먹여야 하는 이 친숙한 마음은 주위를 맴돈다. 곧바로 어린 시절 그곳에 앉아 있는 나를 발견했다.

아빠는 이른 시간 벌써 일을 가셨다. 학교 가기 전 밥상 앞에 앉은 언니와 내가 앉아 있다. 눈은 반찬을 스캔한다.

"오늘도 멸치볶음이랑 어묵조림이야?"

고추장이 묻은 반찬만 담긴 도시락 반찬통이 야속하다.
"내일은 캔 참치라도 사다 놓을게."
가게 일 보며 우리를 챙기시는 엄마의 목소리가 들렸다.

유리로 된 여닫이문에 따스한 햇살이 드리워져 보온 도시락통 두 개가 유난히 빛나 보인다. 두 아이를 학교에 보내고 철없던 시절에 다시 만난 도시락통을 가슴에 꼭 안아 본다. 학교 가기 전부터 일어나 딸들이 밥 먹을 때까지 분주히 움직였을 엄마 자리엔 이제 내가 앉아 있다.

엄마가 되면 쓰게 되는 안경을 엄마가 되기 전까진 전혀 낄 수 없다는 걸 알았다.
학창 시절 엄마가 찾아와 어설픈 엄마에게 아이들을 잘 볼 수 있도록 안경이 되어 주시니 난 오늘도 엄마라는 계단을 한 칸 오를 힘을 받는다.

새 할아버지가 생겼다

내가 열네 살 되던 그해 봄 할머니는 재혼했다. 오랜 투병 생활을 하던 친할아버지가 돌아가신 지 햇수로 삼 년째 되던 해였다. 떠들썩한 동네잔치가 벌어졌고 나는 그날 처음으로 새 할아버지 얼굴을 보았다. 하얀 와이셔츠에 회색 베레모를 쓰고 있는 모습이 여느 칠십 대 노인하고는 뭔가 달랐다. 걷어 올린 셔츠 소매며 옆으로 살짝 돌려서 쓴 모자 디테일이 멋스러웠다. 그 옆에 나란히 서 있는 할머니 얼굴이 복사꽃처럼 활짝 피어 있었다.

우리의 동거는 그렇게 시작되었다. 할머니와 나 그리고 막내 삼촌 셋이 사는 집으로 새 할아버지가 들어오게 되었다. 아들 며느리와 함께 살다가 온 할아버지가 지닌 짐은 초라할 만큼 단출했지만, 그분의 존재감은 그렇지 않았다. 우리가 살고 있던 집 담보 대출을 새 할아버지가 다 갚아 주었고 그것으로 할아버지 위상은 말이 필요 없게 되었다. 아침마다 할머니는 할아버지를 위해 부지런히 뭔가를 만들었다. 팔팔 끓는 물에 달걀 하나 탁 터트려서는 거기에 찹쌀가루 한 스푼, 설탕 한 스푼 넣고 정성껏 저어서 할아버지에게 가져다드렸다. 노르스름한 영양죽 같은 그것을, 부엌 아궁이 앞에서 불을 때던 할아버지는 반갑게 받아 들고 훌훌 불어 가며 천천히 그릇을 비웠다. 그 모습을 바라보며 아침 식사 준비를 하는 할머니 얼굴이 행복해 보였다. 할아버지가 오고 나서 식탁도 달라졌다. 생선구이와 고기반찬이 자주 올라오는가 하면 떡 좋아하는 할아버지를 위해 아침 일찍부터 할머니가 떡집에 다녀오기도 했다. 가끔은 그 심부름을 내가 하기도 했다. 새 할아버지에게 지극정성을 쏟는 할머니가 서운해 시집간 고모는 가끔 입바른 소리를 했다.

"아부지 생전에도 그렇게 정성 좀 들이시지. 그랬으면 그리 일찍 돌아가지는 않았을 거 아니유."

고모의 타박에 할머니는 가타부타 말이 없었다. 반평생을 할아버지 병시중을 든 할머니로서 왜 할 말이 없겠냐마는, 긴 병에 효자 없다고 돌아가실 무렵엔 가끔 구박 아닌 구박도 해 왔던 터라 그것에 대한 미안함 때문이었을까. 할머니는 끝끝내 아무 말이 없었다.

할머니 재혼에 대해 이러쿵저러쿵 말이 많았으나 나는 새 할아버지 존재가 마냥 좋았다. 새 할아버지로 인해 완전히 바뀌어 버린 집 분위기가 무척이나 맘에 들었다. 매일 뉴스를 보고 신문을 읽는 할아버지 모습은 내게 신선한 충격이었다. 어느샌가 할아버지가 읽다가 만 신문을 주워 들고 읽기 시작했고 할아버지와 나란히 앉아 함께 뉴스를 시청했다. 축구 경기를 시청하는 할아버지 옆에서 지루하게 경기장을 뛰어다니는 선수들을 구경하기도 했다. 그런 내게 할아버지는 축구 경기 규칙을 알려 주었고 나는 곧잘 알아듣는 척을 했다.

"이 선생, 이 선생!"

할아버지가 날 부르는 호칭이다. 커서 꼭 선생님이 되라고 붙여 준 호칭이 마음에 쏙 들었다. 가끔은 이 선생님 하고 장난스럽게 부르며, 영락없는 선생감이라고 입버릇처럼 하는 그 말에 나는 단단히 취해 버렸다.

"결혼은 하지 마. 여자는 시집가면 힘들어. 뭣 하러 힘들게 살아? 자유롭고 멋지게 살아야지."

무심하게 툭 던지듯이 내뱉는 말조차도 좋아서 부지런히 고개를 주억거렸다. 그런 할아버지 앞에서만큼은 없던 애교도 부릴 수 있었다. 애교라고 해 봤자 내 방식대로의 서툰 표현이었지만, 할아버지가 좋아하는 채널을 틀어 드리고 즐겨 드시는 간식을 사다가 드렸다. 아주 가끔은 외출하는 할아버지 얼굴에 로션도 발라 드렸다. 그러면 할아버지는 겉으로는 질색하는 척하면서도 즐거운 표정을 숨기지 못했다. 그 모습을 보고 할머니가 한마디 거들었다.

"그 집 손주들한테는 이런 호사 못 누려 봤쥬?"

그러면서도 할머니는 "별일이야, 별일."이라고 말하면서 연신 도리머리를 흔들었다. 그도 그럴 것이, 새 할아버지 슬하에 4남 2녀의 자녀들로부터 뻗어 나간 손주만 해도 열 손가락이 모자랐는데 그중엔 갓 태어나 걸음마 하는 손주가 있는가 하면 벌써 결혼해서 아이를 낳은 장성한 손주까지 있었다. 손주에 증손주까지 본 할아버지였지만 워낙에 과묵한 성격 탓인지 한 번을 다정하게 안아 준 적이 없다고 했다. 그런 분이 내게는 당신의 방식대로 뭔가를 표현한다는 게 할머니는 마냥 신기한 모양이었다.

    체육 시간을 끔찍이도 싫어하던 내가 그 스트레스로 끙끙대고 있을 때, 할아버지는 그냥 지나치지 않았다. 학교 체육 선생님을 찾아가 간곡히 부탁했다고 한다. 우리 손녀가 체육 시간을 걱정하느라 밥도 제대로 못 먹고 있으니, 선생님께서 좀 봐주셨으면 좋겠다고. 물론 선생님은 전혀 봐주지 않았지만, 그 일 이후 나는 한결 편안한 마음으로 체육 시간을 보낼 수 있게 되었다. 든든한 빽이 생긴 기분이었다. 날 알아주고 믿어 주고 응원해 주는 내 편이 있다는 건 굉장한 일이라는 걸 알아 버렸다.

    할아버지와 함께 살았던 6년이란 세월은 가끔은 내가 특별한 사람처럼 느껴지기도 하고 또 가끔은 뭐든 잘해 내는 멋진 사람처럼 느껴지던 시간이었다. 그 시절 할아버지가 변함없이 나를 지지했던 것처럼 이제는 내가 내 아이들에게 그런 어른이 되어 가려 한다. 모자는 항상 비스듬히 돌려서 쓰고 젊은이처럼 쌩 하니 자전거 타고 다니던 할아버지 모습이 아직도 눈에 선한데, "이 선생!" 하고 부르던 그 음성마저 귓가에 남아 때때로 나를 눈물짓게 한다.

할머니가 그리운 날에

비가 오면 우산 들고 마중 나와 주시고
눈이 오면 넘어질까 걱정을 하시네
사랑으로 안아 주고 기죽을까 감싸며
울 엄마의 빈자리를 채워 주신 할무니
……

(김호중의 노래 '할무니' 중에서)

나에게도 그런 할머니가 있었지. 비바람을 막아 주는 든든한 우산 같던 할머니. 돌아가신 지 십 년이 다 되었지만, 아직도 나는 만주 벌판 어딘가에 할머니가 살아 계시는 듯한 착각 속에 산다. 마지막 가시는 길 지켜 드리지 못한 죄로 할머니의 부재조차 실감하지 못하는 인간이 된 셈이다. 그런들 뭐 어쩌겠는가. 그 힘으로 나는 또 살아가고 있고 그러다 쳇바퀴 같은 삶에서 조금씩 놓여나오는 날이 왔을 때, 그때 할머니를 찾아 긴 여행을 떠나리라 마음먹어 본다. 그곳 어딘가에서 할머니가 나를 기다리고 있는 듯하다. 우린 아직 제대로 된 이별을 한 적이 없기에.

 차가운 겨울밤, 할머니와 나란히 걷던 눈 덮인 시골길이 떠오른다. 할머니 껌딱지가 되어 동네 마실을 다녀오는 길에는 늘 동그스름한 달이 떠 있었다. 은은한 달빛 아래 뽀드득뽀드득 눈 밟는 소리 또렷했던 그 밤, 문득 스며드는 한기에 진저리 치며 할머니 팔짱이라도 낄라치면 여지없이 할머니에게 퇴짜를 맞곤 했다.
 "놔라. 팔을 그렇게 붙잡고 있으면 할머니는 걷기 힘들어진다. 이렇게 마구 휘두르며 걸어야 앞으로 나갈 수 있지."
 마치 물속에서 헤엄치듯 할머니는 두 팔을 휘휘 저으며 저만치 앞서 걸어갔다. 다리가 불편해서 걸음걸이가 편치 않았던 할머니만의 걷기 법인 셈이었다. 시무룩해진 나는 점점 걸음이 느려졌다. 그러다 골목으로 막 꺾어 드는 할머니를 보고서야 마음이 급해져 달음박질치다시피 걷기 시작했다. 차가운 밤공기에 잠은 저만치 달아났지만 미리 깔아 놓은 따뜻한 이불 속으로 들어갈 생각을 하니 갑자기 신이 났다. 할머니를 앞질러 마구 뛰어가다 문득 바라본 하늘에는 여전히 동그란 달이 나를 따라오고 있었다. 포근한 밤이었다. 이불을 여며 주는 할머니 손길과 자장가처럼 들려오는 할머니의 기도 소리에 스르르 단잠에 빠져들던 밤.

 할머니 새벽기도 소리에 잠시 깼다가 까무룩 잠들었다 다시 눈을 뜨니 아침이다. 몸을 뒤척여 아랫목 가마솥을 보니 하얀 김이 모락모락 피어오르고 있었다. 이불을 턱밑까지 끌어당긴 채 주방 풍경을 바라보았다. 할머니는 부뚜막에서, 새 할아버지는 아궁이 앞에서, 가마솥을 사이에 두고 두 분은 두런두런 이야기를 나누고 있었다. 할아버지는 부지깽이로 이따금 군불을 뒤적이며 할머니 말에 맞장구를 쳤다. 그곳에 평화가 흐르고 있었다. 전쟁 같던 할머니의 삶에 드디어 봄이 오고 있었다.

"어이, 이 선생 일어났어?"

할아버지와 눈이 딱 마주쳤다. 그제야 나는 기지개를 켜며 지금 막 잠에서 깬 듯 어색한 웃음을 지어 보였다.

"해가 중천이여 아가씨, 얼른얼른 일어나 아침 먹어야지."

후다닥 일어나서 이부자리를 정리하고 밥상을 폈다. 그나저나 활짝 열린 가마솥 안에 저 뽀얀 비주얼은 '설마 찐빵?' 그러고 보니 어젯밤 마실 나가기 전 할머니가 밀가루 반죽을 하는 걸 본 기억이 났다.

"야호! 찐빵이다!"

한 김 빠진 가마솥에 얼굴을 들이밀고 숨을 한껏 들이마셨다. 구수한 빵 냄새에 정신이 혼미해질 지경이다. 할머니는 머리카락 떨어진다고 손사래를 치며 쫓아냈다. 커다란 접시에 수북이 쌓아 올린 찐빵을 사이에 두고 세 사람이 둘러앉았다. 정작 할머니는 찐빵에는 손도 대지 않고 된장국에 밥 말아 드셨다. 나와 할아버지만 열심히 찐빵을 축냈다. 할아버지는 연속 두 끼를 찐빵으로 드시더니 생목 오른다며 저녁부터는 밥을 찾았다. 자연스럽게 남은 찐빵은 내 차지가 되었다. 주말 내내 책 읽으며 간식 삼아 야금야금 찐빵을 뜯어 먹는 재미란 이루 말할 수 없는 즐거움이었다.

  그렇게 질리도록 먹고 나면 한동안 찐빵은 쳐다보기도 싫어진다. 그러나 할머니는 언제쯤 내가 다시 찐빵을 그리워하는지 안다. 입맛이 없어 밥 먹는 게 시원찮거나, 속상한 일이 있을 때 할머니는 어김없이 반죽했다. 밀가루에 물을 부어 가며 살살 섞어 주면 허옇게 덕지덕지 밀가루 범벅이 되는데, 치대다 보면 점점 매끈한 반죽으로 변하는 게 신기했다. 치댈수록 말캉해지는 질감과 그럴수록 잘생겨지는 듯한 반죽 한 덩어리, 그것을 할머니는 넉넉한 볼에 넣어 뚜껑을 닫고 그 위에 두툼한 이불까지 씌워 아랫목에서 하룻밤 숙성했다. 다음 날 새벽 찐빵이 완성되는 과정을 아침잠 많은 나로선 알지 못했지만, 나는 그냥 할머니가 커다란 볼에 밀가루를 퍼 오는 걸 발견하는 순간부터 내 모든 고민이 사라지는 기분이 들었다. 바가지에 물을 떠다 놓고, 밀가루가 든 커다란 볼을 마주하고 앉아 자분자분 반죽하던 할머니, 그것은 할머니가 나를 위로하는 방식이었다.

  언제부턴가 나도 밀가루 반죽을 하기 시작했다. 잔잔한 파도처럼 그리움이 밀려오는 날, 밀가루에 조금씩 물을 끼얹어 가며 할머니 흉내를 내 본다. 물기 머금은 가루들은 눅눅해지면서 포슬포슬 잘도 뭉쳐지는

데, 싱크대 아래 방바닥에 아예 자리 잡고 앉아 하염없이 반죽을 치대다 보면 무아지경이 따로 없다. 하루 종일 이렇게 있으래도 있겠다.

'뭘 만들까? 할머니처럼 찐빵을 만들어 볼까. 아니면 칼국수? 수제비? 그래. 수제비가 좋겠다.'

찐빵보다 수제비를 훨씬 좋아했던 할머니. 쫀득해진 반죽을 숭덩숭덩 뜯어 넣고 수제비나 한솥 끓여야겠다. 할머니와 마주 앉아 뜨끈한 수제비 한 그릇 호호 불어 가며 먹고 싶은 날이다.

일상이 사랑과 전쟁

밤 11시, 남자는 안방에서 불을 훤히 밝힌 채 술상을 펼쳐놓고 게임 삼매경에 빠져 있다. 조그마한 상 위엔 먹다 남은 족발과 김치통, 그리고 작은 단지 모양의 중국술이 멋대로 놓여 있다. 게임 하는 중간중간 술을 잔에 따라서는 한입에 털어 넣고 족발 한 점을 얼른 욱여넣는다. 그리고는, 다시 게임 화면 속으로 시선을 고정한다. 베란다와 거실 사이를 분주하게 오가며 빨래를 너는 여자의 눈총 따윈 안중에도 없다. 그 어수선함 속에 아이는 이불을 뒤집어쓴 채 방 한구석에 잠들어 있고 아무도 보지 않는 TV만 요란하게 떠들고 있다. 여자가 내쉬는 거친 숨소리가 아슬아슬하게 들려오건만, 아는지 모르는지 남자 시선은 여전히 게임 속에 머물러 있다. 리모컨을 찾아 TV를 끄는 여자의 화난 움직임조차 감지하지 못한 채.

"상 그만 치우면 안 돼? 애가 저렇게 자고 있는데 불이라도 좀 꺼 주든가."

그제야 느릿느릿 고개를 들고 술상 앞에 버티고 선 여자의 얼굴을 흘깃 쳐다보더니 이내 게임 화면으로 시선을 거두는 남자.

"불……. 꺼."

묘하게 화가 난 듯한 남자 말투다. 여자 얼굴 위로 한 조각 비웃음이 스쳐 가더니 탁! 하는 소리와 함께 안방 불이 꺼졌다. 어둠이 내려앉은 방은 조금 전의 팽팽한 분위기를 한결 누그러뜨린 듯하다. 거실 조명이 비집고 들어와 남자의 술상을 희미하게 비추고 있다. 그 위로 떡하니 버티고 선 여자의 그림자가 길게 드리워져 있다.

"상 언제 치울 건데? 지금이 몇 신지는 알아?"

피곤에 찌든 여자 얼굴이 잔뜩 일그러진 채 남자를 노려보고 있다.

"자빠져 자."

순간 여자는 할 말을 잃었다. 숨이 턱 막혔다. 반격할 가치도 없는 말인 건 알겠는데 벌써 그 말을 여러 차례 들었다는 걸 떠올리는 순간 여자는 분노했다.

"자빠져 자? 술상을 치워야 자빠져 자든지 말든지 할 거 아니냐고!"

그러면서 이불장에서 이불을 꺼내 홱홱 집어던졌다. 저 지긋지긋한 술상도 이렇게 던져 버릴 수 있다면, 이판사판 둘이 한바탕 몸싸움이라도 해 봤으면, 그랬으면 속이라도 썩어 문드러지진 않을 텐데. 그러나 잠들어 있는 아이와 건넌방에서 시험공부하는 큰아이를 생각하면 아무것도 할 수 없었다. 그저 소리도 나지 않는 만만한 이불에 애꿎은 화풀이를 하는 수밖에.

남자는 슬며시 자리를 뜨고 술상만 덩그러니 남아 있는 방에 여자는 넋 놓고 앉아 있다. 언제까지 이렇게 살아야 할까. 내 삶은 겨우 이것밖에 안 되는 걸까. 그와 다를 바 없는 수준 떨어지는 말과 행동, 어쩌다 나는 이렇게 된 걸까. 이 진창길을 과연 언제까지 걸을 수 있을까. 여자는 조그맣게 되뇐다.

"자빠져 자."

희미한 웃음 뒤로 깊은 슬픔이 드리운다. 내일은 절대 가게에 나가지 않으리라 다짐해 본다.

다음 날, 일찌감치 눈을 뜬 그녀는 핸드폰을 열어 연락처를 훑어보았다. 가게에 안 나가기로 마음을 먹었으니 대체할 사람이라도 구해야 했다. 손가락으로 스크롤을 올렸다 내렸다가 한참을 망설이던 그녀는 누군가에게 전화를 걸 듯 말 듯 하더니, 결국 핸드폰 화면을 닫아 버렸다. 이불을 머리끝까지 뒤집어쓰고 엎치락뒤치락하던 그녀가 벌떡 일어나 앉았다. 주섬주섬 이불을 개켜서 이불장에 넣고 어질러진 물건들을 정리하더니 곧장 욕실로 들어갔다. 잠시 뒤 씻고 나온 그녀는 빠르게 외출준비를 끝냈다. 청소기까지 돌려 놓고서야 집을 나선 그녀의 발걸음이 버스정류장을 향했다.

결국 그녀가 도착한 곳은 가게였다. 어젯밤 출근 안 하기로 그렇게 다짐을 해 놓고서는 말이다. 대걸레로 홀 바닥을 닦고 있던 남자가 반갑게 알은체를 했다.

"여보 왔어? 내가 청소기도 싹 다 돌리고 바닥도 거의 다 닦았어."

여자는 콧방귀를 뀌며 탈의실로 향했다. 앞치마를 두르고 신발을 갈아 신으며 혼잣말을 중얼거린다.

"일탈은 무슨, 인건비 몇 푼이 아쉬운 주제에."

투덜투덜 거울을 보며 매무새를 다듬던 여자는 손님이 들어오는 기척이 들리자 얼른 매장 안으로 뛰어 들어갔다.

"어서 오세요!"

밝게 웃으며 인사를 건네는 그녀의 목소리에 생기가 넘친다. 물병을 챙겨 손님을 향한 발걸음이 가볍다. 잠시 꿈꿨던 일탈을 뒤로 한 채 맞이하는 일상이 그리 지겹지만은 않은 듯했다. 그렇게 지켜 낸 무수한 날이 쌓여 오늘의 그녀가 되었으니.

그 남자와 그 여자의 하루가 시작되었다. 남자는 짬뽕과 짜장을 볶고 여자는 홀과 주방을 오가며 틈틈이 설거지를 도왔다. 손님들은 여전히 짜장과 짬뽕 사이에서 무얼 먹을지를 고민하고, 그 소소한 것을 바라보며 그녀 마음속 풍랑도 서서히 걷혀 갔다.

그날 저녁, 퇴근한 남자는 화장실 청소한다며 청소도구를 찾았다. '갑자기 웬 청소?' 미심쩍은 표정을 지으며 여자는 청소도구가 든 바구니를 건넸다. 그걸 받아 들고 남자는 곧장 화장실로 향했다. 여자의 입꼬리가 슬며시 올라가기 시작했다.

'내일은 해가 서쪽에서 뜨려나.'

식탁 위에 소주 한 병이 주인을 애타게 기다리고 있다. 변하지 않는 풍경이지만 오늘은 왠지 평온한 밤이 될 것 같다. 쓱싹쓱싹 솔질하는 소리가 화장실 문틈 사이로 요란하게 들려온다. 전쟁 같은 하루가 저물어 가고 있었다.

예정에 없던 일탈

머리를 말리고 얼굴에 대충 한두 가지 찍어 바르고 눈썹 정리를 하는 것으로 내 출근 준비는 끝났는데 방으로 들어가 널브러져 있는 이불 위에 도로 누워 버렸다. 빨래를 널고 설거지를 하고 청소기를 돌려야 할 시간에 말이다. 눈 감고 잠시 그렇게 누워 있으니 알 수 없는 무언가가 속에서 울컥 치밀어 오른다. 애 둘 등교시키고 나 혼자 종종거릴 시간에 건너편 방에서 아무에게도 방해받지 않고 매일 달콤한 아침잠에 빠진 그 남자가 못 견디게 미워진다. 몸을 일으켜 우당탕거리며 남편이 자는 방문을 열어젖혔다.

"출근 안 할 거야?"

기어이 한마디를 외치고 다시 방으로 들어와 누웠다.

잠에서 깜짝 놀라 깬 남편은 구시렁대며 화장실로 들어갔다. 다 씻고 나온 남편이 출근 준비를 마칠 때까지 나는 미동도 하지 않고 누워 있었다. 그런 내가 눈에 안 보였던 걸까 남편은 한마디 말도 없이 현관문을 나섰다.

'뭐지? 설마 혼자 출근을? 그럴 리가 없는데.'

뭉그적대다가 결국 현관문을 열고 1층 주차장을 확인했다. 아무리 봐도 차가 없다. 시동을 걸고 내가 나오길 기다려야 할 사람이 보이지 않는다.

'그래, 눈치가 있으면 내가 컨디션 안 좋은 게 보였을 테지. 그래서 먼저 출근한 게 분명해.'

혼자 멋대로 상상하며 나는 미친 척 다시 안방 이불 속으로 기어들어 갔다. 이불 속은 한없이 안락했다. 몸은 천근만근 아우성치는데 잠이나 실컷 자고 싶다는 생각과 함께 정말로 잠이 들어 버렸다. 그러나 잠시 뒤 어김없이 전화가 걸려 왔다.

"안 내려와?"

남편의 날 선 목소리에 서운함이 밀려온다.

"여태 기다렸어? 내가 누워 있는 거 안 보였어? 나는 당신이 아무 말 없이 나가길래 내가 아픈 걸 아는 줄 알았어."

"그러면 전화라도 했어야지."

그는 어디가 아프냐고 했고 나는 허리가 아파서 병원에 가 봐야겠다고 했다. 애초에 병원 갈 생각은 없었지만, 몸이 아픈 건 사실이었다. 솔직히 안 아픈 데 없이 다 아프다. 그냥 참고 견딜 뿐인데 오늘은 참기가 싫어졌다.

그렇게 예정에 없던 병원행을 했다. 의사의 권유로 두 번의 MRI 촬영을 했다. 다행히 내가 걱정했던 고관절은 아무 이상이 없단다. 허리디스크와 협착증만 다시 확인한 꼴이 되었다. 주사 치료를 권했지만, 나는 약봉지만 받아 들고 병원문을 나섰다.

 온화한 날이었다. 집으로 가던 발걸음을 돌려 미용실을 향했다. 한 달에 한 번 하는 생존형 뿌리 염색, 아직 한 달이 채 안 되었지만 벌써 눈에 거슬리는 허연 그것은 빈약한 앞 머리숱을 더 없어 보이게 한다. 귀찮지만 빼먹을 수 없는 월례 행사를 위해 미용실 의자에 앉았다. 염색약을 바르고 지루한 시간을 견디기 위해 커피 한 잔 타서 마시고 있는데,
 "어머, 언니! 그 팔찌 뭐야? 너무 이쁘다."
 미용실 원장님의 호들갑스러운 목소리가 들려온다. 내 옆자리에 앉은 커트 손님을 향한 말인 듯했다.
 "아, 이거요? 회사 후배가 만들어 준 레이어드 팔찌인데 금이랑 진짜 잘 어울리죠?"
 두 여자의 예쁘다는 소리에 나도 궁금해졌지만 염색하는 동안 안경을 벗어 놨던 터라 흐릿한 내 시야로는 확인할 길이 없었다. 팔찌로부터 시작한 예쁘다는 표현은 곧 가방과 신발과 옷으로 이어졌다. 서로의 정보를 공유하며 쉴 새 없이 터져 나오는 그녀들의 감탄사와 웃음소리 속에 나는 외계인처럼 그들을 바라보았다.

마음에 꼭 드는 물건을 소장한다는 건 저렇게 신나는 일이구나. 저렇게 즐겁고 행복한 일이구나. 문득 내가 궁금해졌다. 나는 뭘 좋아하는지, 뭘 갖고 싶은지, 뭘 가지면 아이처럼 뛸 듯이 기쁠 수 있는지. 천천히 생각해 볼 일이다.

염색을 마치고 반찬가게에 들러 몇 가지 반찬을 사 들고 느릿느릿 걸어서 집으로 돌아왔다. 난장판인 집에서 작은아이는 친구를 데리고 와 한바탕 라면을 끓여 먹고 있었다. 눈앞의 광경에 헛웃음을 웃는 내게 딸은 그런다.
"엄마, 나도 집이 이 정도일 줄 몰랐어. 우리 얼른 먹고 나갈 테니까 넘 신경 쓰지 마."
아이들은 후다닥 먹고 사라지고 나는 주린 배를 움켜쥐고 설거지를 시작했다.

밥을 안치고 미역국을 끓이고 청소기를 돌리고 빨래를 개며 조금씩 안정을 찾아 갔다. 풍겨 오는 구수한 밥 냄새와 미역국 냄새에 오늘 하루 삐딱했던 마음이 제자리를 찾는 듯하다. 늘 똑같은 일상을 반복하는 내가 고지식하게 느껴진다. 이런 내가 참 별로지만, 그래도 오늘은 내 몸과 마음이 내는 소리를 들은 것 같아 아주 조금은 맘에 든다. 내일이면 다시 일상으로 돌아갈 수 있겠지.

사랑하는 부모님을
가장 사랑하지 않았던 시간

누구에게나 부모님은 어머니 아버지 이렇게 두 분이다.

내가 늘 부모님을 이야기할 때 어머니를 먼저 이야기하는지 아직도 모르겠다. (어머니를 내가 평생 지켜야 한다는 K-장남이 가지게 되는 사명감 때문이 아닐까?) 결론부터 말하면 나의 어머니 아버지는 이혼하셨다.

내가 스무 살이 되던 해에 어머니는 이혼을 원하셨다. 동생은 해외에 있었기에 한국에서의 부모님이 이혼한다는 사실은 스무 살인 나 혼자 감당해야만 했다. 그로 인해 난 해병대로 지원하여 군대를 빨리 가게 되었다. 내가 군대에 가서 문득 보게 된 신문의 통계에서 한국 부부 세 쌍 중 한 쌍은 이혼한다는 사실을 보며 왜 그 3분의 1이 우리 가족인 건지 자주 화가 난 적이 있었다. 지금 돌이켜 보면 나의 학창 시절은 부족한 것 없이 늘 모든 것이 다 채워져 있었다. 분당에 40평 집, 내가 가지고 싶은 건 뭐든 다 사 주시는 어머니와 아버지. 하지만 한편으로는 주말에도 바쁜 어머니와 아버지 사이에서 늘 외로웠다. 가족이 화목하고 주말에 시간을 보내며 가족여행을 가고 이런 어쩌면 아주 당연한 것들이 나에겐 많은 기억이 있지 않다는 사실만으로 너무 부끄러웠다. 다른 어머니들은 집에 오면 다 있는데 맨날 우리 어머니는 없는 게 싫었고, 어머니의 빈자리를 채워 주기 위해 계시던 일하는 아주머니도 너무 싫었다.

 당연한 것들이 당연하지 않기에, 가족이 채워 줄 수 없는 부분을 채우기 위해 밖으로 돌기 시작했다. 공부보단 이성, 물건, 친구 등 다른 것들에 관심이 지대했다. 항상 여자 친구를 사귀고 싶었고, 남들이 가진 모든 물건은 다 가지고 싶었다. 그리고 친구도 두루두루 다 사귀고 싶었다. '사랑'이라는 단어를 떠올릴 때마다 '가족'이라는 단어를 생각하는 많은 사람들의 감정이 내 20대 때는 공유되지 않았다.

 군대를 다녀온 후 나는 더 외로웠고 그 외로움의 원인을 찾고 싶었다. 정말 내가 얼마나 형편없는지, 그 이유를 부모님의 이혼에서 찾곤 했다. 이혼하셨기 때문에 내가 마음 두고 기댈 사람이 없다고 탓했다. 나한테 먼저 의사를 물어보지도 않고 마음대로 이혼을 해 버린 부모님도 너무 싫었다. 원망스러웠다. 내가 동의하지 않은 이혼을 한 부모님이 너무 싫었다. 어머니와 시도 때도 없이 싸웠고 내가 대드는 모습에 많이 화를 내시던 어머니께 욕설을 내뱉는, 지금 생각을 해 보면 정말 말도 안 되는 행동까지 했었다. 그때 난 집에서 반강제로 쫓겨나서 혼자 자취를 시작했다.

그러다 29살이 되던 해에 결혼하고 싶던 사람이 있었다. 그 사람과의 결혼으로 내 외로움이 없어질 거라는 생각이 들자 가진 게 아무것도 없음에도, 무조건 '결혼'에 집착하기 시작했다. 가진 게 많다면 상관이 없지만 가진 게 없는데 결혼만 하고 싶다면 그 결혼을 지지해 줄 부모님이 필요하다는 걸 절실하게 느꼈다. 결국 내게 부모님과 가까워져야 하는 시간이 온 것이다. 결론부터 말하자면 난 그 친구와 결혼하지 못했다. 연애는 서로 사랑하기만 하면 되지만 결혼은 사랑만큼 '관계'도 중요해진다는 사실을 깨닫게 되었다.

십 년 동안 단절되었던 부모님과의 관계가 중요하게 되고 결혼을 위해 노력을 시작하게 되면서 처음에는 부모님과 겉으로는 가까워 보이는 관계로 회복하기 위해 노력했다. 관계 회복을 하면서 나는 매 순간 여자 친구와 부모님 중 선택해야 하는 순간들에 맞닥뜨리게 되었다. 여자 친구와 싸우는 시간이 점점 많아졌다.
'만약 이때 내가 여자 친구를 선택했다면 결혼을 30살에 하지 않았을까?'
이런 생각을 지금도 종종 하곤 한다. 하지만 남녀가 사랑만으로 결혼하는 드라마 속 이야기가 현실에서는 실현되기 어렵다는 사실을 느꼈다. 왜 사람들이 드라마 속 사랑 이야기에 대리 만족하며 울고 웃는지

나도 처음 느껴 보았다.

　내가 처음 결혼하고 싶었던 사랑은 끝나 가고 있었지만, 부모님과의 관계 회복은 시작되고 있었다. 가장 소중하고 사랑했던 사람과 헤어졌으나, 또 다른 소중하고 사랑하는 부모님과 가까워지고 있었다. 그때 나는 어머니의 선택에 대한 정말 많은 이야기를 들었다. 왜 그때 이혼하셨는지, 이혼이 최선이었는지, 나와 동생은 생각하지 않은 것인지 등. 그때 나는 처음으로 누군가의 어머니가 아닌 어머니 자신의 이야기를 듣게 되었다. 내가 정말 모르고 놓치고 있던 사실을 알게 되었다.
　'어머니도 어머니 삶이 있구나.'

　내가 살고 싶은 인생을 살고 있는 것처럼 어머니도 나와 똑같다는 사실을 왜 몰랐을까. 내게는 어머니로 존재하지만, 어머니 본인 삶이 있다는 사실을 너무 늦게 알아 버렸다. 내가 조금만 더 빨리 알았더라면 내 어머니가 아닌 어머니 자신의 삶을 살고 싶었던 부분을 존중하고 인정할 수 있지 않았을까. 이런 생각으로 몇 날 며칠을 잠 못 자고 힘들었던 기억이 있다. 가장 중요한 사실은 어머니도 가족들에게 떳떳해지려면 누구보다 큰아들인 내 행동이 가장 중요하다는 사실을 깨닫게 되었다. 내가 얼마나 중요한 역할을 해야 하는지 알게 되는 정말 소중한 시간이었다.

가장 사랑한 사람과의 이별을 통해 난 가장 소중한 부모님과 다시 가까워졌다. 사랑하는 부모님을 가장 사랑하지 않았던 10년이라는 시간. 늘 부모님은 날 사랑하셨다는 사실을 기억하고 다짐해 본다. 지금이라도 부모님께 전화해야겠다. 사랑한다고, 정말 많이 사랑한다고.

진정한 명품

'사람이 명품이 되어야지, 네가 가진 물건만 명품이면 의미 없다'

이 말은 여러 어른에게 들어 본 유명한 말 중 하나이다. 20대 때는 그런 이야기를 들으면 '명품 하나 없는 거 같은데 저렇게 말하네' 하며 위아래를 훑어보곤 했다.

20대 중반이 되고 강남에서 일하고 생활하던 나는 내가 만나는 수많은 사람들이 다 명품만 입고 다니고 심지어 차도 외제 차를 타고 다니는 모습만 보면서 명품이라는 물건에 더 집착하기 시작했다. 돈은 없지만 명품을 입고 싶었다. 소위 말하는 겉멋이 든 것이다. 부모님이 부유하지도 않던 내가 명품을 입기 위해, 좋은 외제 차를 타기 위해, 내 미래가 아닌 오로지 그곳에만 돈을 소비했다. 심지어 돈이 없지만 명품을 입고 싶어 동대문 짝퉁 시장에 가서 옷을 샀던 기억도 있다.

왜 내가 이토록 명품을 사랑하게 되었을까? 문득 이를 생각하게 되는 순간이 있었다. 내가 가진 것이 아무것도 없는데 보이기엔 정말 많은 걸 가진 것처럼 보이고 싶었다. 옷도 차도 신발도 내가 하고 다니는 모든 것들이 다 돈 많은 부자처럼 보이고 싶었다. 정작 내 통장엔 단돈 십만 원밖에 없었고, 차 할부금이 한 달에 180만 원이 나가더라도 내 치장이 곧 내 능력을 대변한다고 믿었다. 그러더니 인생 첫 차를 4,500만 원 풀 할부로 벤츠를 사면서 흔히 말하는 '카푸어'까지 되었다.

겉멋이 들어서 만났던 사람들과 사귀었던 여자 친구들은 내 모습보다 내가 걸치고 다니는 명품과 내가 타고 다닌 자동차에만 관심이 많았다. 그때 만난 여자 친구들과의 기념일은 늘 그녀들의 기대감에 부응하기 위해 백화점으로 향했다. 비록 나는 짝퉁을 입었지만 여자 친구들에겐 신용 카드로 명품을 사 주곤 했다. 결제되는 1초라는 순간의 아찔함은 잠시, 여자 친구가 나에게 "명품 사 주는 우리 오빠, 사랑해!"라고 말하는 그 1초의 달콤함에 취해 살았다. 그러다 결국 내가 더 좋은 명품을 사 주지 못하게 되자, 여자 친구들은 모두 떠나갔다. 비참했고 외로웠다.

돈을 가장 많이 벌던 29살부터 32살까지 명품이라는 마약에 취해 있었고 정신을 차려 보니 32살의 나에겐 감당조차 힘든 너무 많은 카드값과 할부금 다 갚은 지 오래된 외제 차 한 대만 덜렁 남았다. 명품이라는 마약에서 빠져나와야겠다는 생각을 접하게 된, 소중한 시간이 되었다. 그 후, 명품을 멀리하기로 마음먹었다. 4년이라는 시간 동안 느낀 부분이 아깝지 않도록 '앞으로 나는 무엇을 해야 할까?'라는 고민을 한 달 내내 했다. 그때 어머니께서 소개해 주신 한 선생님께서 하셨던 이야기는 내 인생에서 엄청난 터닝포인트가 되었다.

'너 스스로 명품이 되어서 사람들이 너를 사랑하고, 네게 찾아오고, 누구나 함께하고 싶은 사람이 되거라.'

나를 사랑하는 가장 빠른 방법은 그토록 사랑했던 명품을 사는 것보다 나 자신이 명품이 되어서 나 자신을 사랑하는 것이라는 사실을 이때 깨닫게 되었다.

왜 가장 빠른 길을 놔두고 이렇게 멀리 돌아가고 있던 걸까? 나는 자존감이 굉장히 높은 사람이고 나 자신을 사랑하던 사람이었는데, 어느 순간부터 남들이 쓰는 명품을 사랑하면서 타인의 시선과 취향에 나를 맞춰 가며 내 정체성을 잃어버리고 있었다. 그 사실에 너무 화가 나서 눈물이 흘렀다.

이를 깨우친 지 7년이라는 시간이 지난 지금, 나는 내가 가장 중요하게 생각하는 돈과 시간을 나 자신을 사랑하고 돌아보는 데 쓰고 있다. 더불어 지금 나를 돌아보고 위로하는 글을 쓰는 작가가 되고 있다는 사실만으로도 아주 조금은 내가 명품이 되어 가고 있다는 노력에 날 토닥이고 싶다.

물론 아직도 명품이 좋고, 명품을 가지고 싶고 명품을 가진 내 모습이 너무 좋다. 하지만 지금의 내가 가장 좋아하는 명품은 바로 '나 자신'이다. 나는 이 세상에서 가장 소중한 명품인 나 자신을 오래오래 사랑하려 한다. 이 글을 읽고 있는 누군가도 자신이 가장 가치 있는 명품이라는 생각을 꼭 한번 해 봤으면 좋겠다. 우리 모두 이 세상에 하나밖에 없는 한정판이니까.

첫사랑

'내 첫사랑이 바로 나 자신이라는 사실을 알고 있나요?'라는 문구를 인스타그램에서 우연히 본 적이 있다. 누군가 내게 첫사랑이 누구냐고 묻는다면 나는 초등학교 6학년 때 만난 '김○○'이라고 답했다. 초등학생 때 첫사랑이라니 생각만 해도 웃기는 이야기다.

3년 전쯤, 명절에 우연히 가족 대화 중에 어머니께서 어릴 적부터 나에게 내 이름을 부르며 "재형아 사랑해."라고 자주 말하게 시키셨다는 이야기를 해 주셨다. 내가 어릴 적 자주 사랑한다고 했던 대상이 바로 부모님도 아닌 나였다는 말을 듣고 정말 가슴 깊숙한 곳에서 전율을 느꼈다.

그 이후부터 누군가가 나에게 "너는 첫사랑이 누구야?"라고 물어보면 "내 첫사랑은 나 자신이야."라는 이야기를 줄곧 하고 다니기 시작했다. 다들 말도 안 되는 소리 하고 있다고 웃곤 했지만, 가족, 친구, 옛 연인들보다 나에 대해서 더 잘 알고 있는 사람이 바로 '나 자신'이라는 사실을 나는 누구보다 잘 알고 있다. 하지만 나 포함 대부분의 사람은 나 자신을 들여다보는 일에 소홀하다. 아침에 일어나면 사랑하는 사람에게 안부를 묻지만 정작 나 자신에게 "잘 잤어?"라고 묻지 않는 것처럼 말이다. 사랑하는 사람이 다치면 괜찮은지 물어보지만 내가 다치면 바로 "괜찮아." 하며 아무렇지 않게 넘기는 것들도 어떻게 보면 같은 맥락이지 않을까.

"나를 사랑하려면 가장 먼저 뭘 해야 할까?"

아마도 이 질문에 대한 가장 쉬운 대답은 나와의 대화를 해 보는 것이 아닐까 싶다. 바쁜 현대 사회에서 언제 이런 대화할 시간이 있는지 다들 궁금할 테지만 나는 꼭 화장실을 갈 때마다 당연하다는 듯이 나와의 가벼운 대화를 시작한다. 예를 들면 거울을 보고 "할 수 있다" 또는 "지치지 말고 조금만 힘내자"라든지. 이렇게 나와 대화하다 보면 누군가 내게 응원의 메시지를 보내는 것만 같아 늘 힘이 났던 기억이 있다. 나에게 응원이 필요할 때 타인을 찾는 방법보다 나 자신을 내가 먼저 응원하는 방법이 나에겐 정말 많은 힘이 되었다.

더불어, 나를 사랑하게 되면서 내가 제일 먼저 고친 습관은 바로 '손톱을 물어뜯는 습관'이다. 손톱을 물어뜯는 모습을 보고 주변 사람들은 나에게 "정서불안이나 애정결핍이 있나 봐."라고 수군거리곤 했다. 내가 물어뜯고 싶은 건 아니지만 어딘가 집중하면 어느 순간 나도 모르게 그 버릇이 나왔고, 그로 인해 손 모양도 미워졌다. 때로는 손톱에 피가 나서 아픈 적도 많았다.

30대 중반, 늘 존경하던 대표님의 권유로 연예인들이 많이 다니는 엄청 유명한 청담동 헤어샵에서 잠깐 마케팅 업무를 했다. 그곳에 샵인샵 형식의 네일샵이 있었다. 나는 부끄러움을 무릅쓰고 네일 관리를 받기 시작하며 또 다른 나 자신을 향한 사랑을 실천하기 시작했다. 남들은 "남자가 무슨 네일샵을 다니냐?"라고 했지만 남자인 내가 네일 관리를 받고 느낀 건 상쾌함이었다. 그건 받아 본 사람만 공감할 수 있다. 정말 너무 좋다는 말로 표현 못 할 만큼 만족했다. 평생 손톱을 물어뜯던 버릇을 그 네일 관리로 고쳤으니 말이다. 내가 고치고 싶은 습관부터 하나하나 관심을 가지고, 그 습관을 고쳐 가는 과정을 통해서 나 자신과 정말 많은 대화를 시작하게 되었다.

나는 그동안 나를 사랑하는 다양한 방법을 통해 누구보다 나 자신을 사랑할 수 있게 되었다. 그로 인해 자존감이 높아지면서 나 자신을 남들에게 더 보여 주고 싶어졌다. 마치 내가 가진 제일 좋은 물건을 남들을 만날 때마다 자랑하고 싶은 것처럼.

현재 나는 와인 회사에 다니고 있다. 내가 맡은 업무인 영업직 특성상 수많은 사람들과 연락하며 만나고 바쁘게 살아가지만, 나 자신을 사랑하게 되면서 나를 들여다볼 수 있는 혼자만의 시간도 종종 갖곤 한다. 나이가 들면 더 많은 시간을 혼자 보내게 될 텐데 지금이라도 내 자신과 친해지는 시간을 가져 보면 어떨까? 오늘부터라도, 이 세상 누구보다 가장 가까운 나 자신에게 사랑한다는 대화를 걸어 보자.

수렁에서 건진 아이

 지금 그 아이는 잘 지내고 있을까? 문득 궁금해진다. 아이들과 함께 했던 그 뜨겁던 열정이 학교를 옮기면서 조금씩 사그라져 갈 무렵, 나는 그 아이를 만났다. 김형숙, 참 운명이 가혹했던 아이. 그 애는 살아오면서 단 한 번도 '사랑받고 있다'라는 느낌을 못 가져 본 아이였다. 지금은 사랑 속에서 따뜻한 삶을 살고 있을까? 이 이야기는 그 아이와 함께했던 지난 시간을 돌아보는 기록이자, 이제는 사랑으로 가득한 삶을 살고 있기를 바라는 내 마음을 담아 보내는 편지이다.

 2001년 6월 어느 날 아침, 교실에 들어서니 교탁 위에 그 아이 공책만 하나 달랑 놓여 있었다. 나는 반 아이들과 그 당시 유행하던 '교환 공책'이라는 걸 하고 있었다. 교환 공책은 친한 친구끼리 하나의 공책으로 주고받는 일종의 편지 같은 거였는데 나도 편지 형식을 빌려 아이들과 대화를 시도한 것이었다. 아이들이 개인별 공책에 진로 고민, 학업 스트레스, 부모님과의 갈등 등을 적어서 조회 시간에 교탁에 두면 나는 종례 시간까지 답장을 적어 주었다. 45명의 학생이 매일 적지는 않으니, 평소에는 대여섯 개 정도가 놓여 있었다. 그런데 그날은 딱 한 개가 놓여 있었는데 그 공책이 이상하리만치 무겁고 외롭게 보였다.

급한 마음에 조회하고 나오면서 읽어 보았다.
'집을 나오고 싶다. 앞으로 4년만 더 버티라는 선생님과의 약속을 못 지킬 것 같아 미안하다. 더는 버틸 자신이 없다.'
이제까지도 그 아이 공책에는 늘 힘들다고 쓰여 있긴 했다. 그래도 어김없이 자신을 다독이고 꿋꿋이 버티겠다는 다짐으로 끝맺는 게 기특해서 나는 늘 그보다 두 배는 긴 응원과 위로의 말을 써 주곤 했다. 그런데 그날은 뭔가 달랐다. 나는 급히 교실로 되돌아가 그 아이를 상담실로 불렀다.

형숙이는 한참 동안 아무 말도 하지 않고 울기만 했다. 그렇게 서럽게 울고 난 뒤 퉁퉁 부은 눈과 벌게진 얼굴로 연신 꺽꺽거리며 원망 섞인 투로 말했다.
"아무도 제 말을 믿어 주지 않았어요. 선생님도 안 믿잖아요."
나는 다짐하듯 말했다.
"이제부터는 무조건 믿을게. 어떤 이야기든 해 봐."

"저는 친아빠를 몰라요. 친엄마가 날 사생아로 낳았대요. 친할아버지 집에서 6살까지 컸는데 어느 날 엄마가 지금의 아빠와 같이 와서 날

데리고 갔어요. 그때 호적에도 올렸고요. 전에 선생님이 봤던 동생이 태어나고, 어느 날 엄마가 우리 둘을 남겨 두고 집을 나가 버렸어요. 나는 아홉 살이고 동생은 세 살 때였어요. 그 뒤 친아빠, 친엄마 아무하고도 연락이 안 돼서 지금 아빠랑 계속 살게 된 거예요. 지금 아빠 말로는 엄마가 빚을 져서 도망갔대요. 그래서 내가 갚아야 한대요."

형숙이는 대신 빚을 갚아야 해서 그동안 동생 돌보랴, 집안일하랴, 잠도 제대로 못 자고 죽어라 일한다고 했다. 그러나 이보다 더 기막힌 일은 바로, 계부의 지속적인 폭력과 성폭행이었다. 어렸을 때부터 계부가 자신을 때리고 성폭행한다고 했다. 계부가 성폭행 사실을 말하면 죽인다고 협박해서 무서워 죽을 것 같다고 했다. "친부가 아니다."라는 말은 그 아이가 보내는 절박한 SOS 신호였다. 그 아이는 초등학교 담임 선생님부터 지금 나에게까지 끊임없이 "친부가 아니다."라고 말해 왔지만, 아무도 믿어 주지 않으니 그 이상은 말할 수가 없었던 것이었다.

그때야 나는 그동안의 일을 되짚어 보았다. 우리는 거짓말을 한다고 생각했지만, 그 아이의 말은 전부 진실이었다. 아무리 말이 안 되는 상황이라도 그것은 분명 '사실'이었던 것이다.

형숙이는 2학년으로 올라올 때 내가 자청하여 우리 반에 배정한 아이였다. 여러 가지로 담임 교사를 힘들게 하는 아이였기 때문이다. 수업 시간에는 거의 엎드려 있으니, 성적이 꼴찌였다. 연락도 없이 지각과 조퇴, 결석을 자주 했다. 계부, 계모와 같이 산다고 주장하는데 도무지 상식적으로 이해가 되지 않아서 나와 1학년 때 담임 선생님은 거짓말을 한다고 생각했다. 그렇게 생각하니 그 아이가 하는 말은 뭔가 앞뒤가 맞지 않고 이상하기만 했다. 누군가에게 맞았다고 하는데 흔적은 없고, 결석해서 집으로 전화하면 이모라는 사람은 결석했는지조차 모르기 일쑤였다. 또 중학교는 근거리 배정이라 집 가까이 학교를 배정하는데, 무슨 이유인지 그 아이의 집은 버스를 갈아타고 1시간 40분이나 걸리는 곳에 있었다. 심지어 어떤 날 선생님들이 대학교 앞 포장마차에서 그 아이가 너무 능숙하게 영업을 하고 있어 오히려 선생님이 놀라서 그냥 나온 적도 있다고 했다. 이런저런 이유로 그 아이는 우리 반이 되었다.

2학년 개학 첫날부터 형숙이는 연락도 없이 결석했다. 어렵게 전화 통화를 했더니 전날 돌도 안 된 막냇동생을 두고 계모가 집을 나가서 학교를 못 오는 거라고 했다. 사흘 뒤 학교에 왔을 때 그 아이는 전 담임에게 했던 말을 나에게도 했다. 나는 여전히 믿을 수 없었지만 결석할 땐 꼭 나에게 전화하라는 것과 늦었다고 아예 학교에 결석하는 일은 없도록 하라는 것만 당부했다. 내가 부탁해서인지 그 아이는 한 달에 서너 번 결석할 때마다 꼭 미리 연락했고, 어떨 땐 1시간 40분이나 되는 거리를 헐레벌떡 와서는 "오늘은 조퇴할 거예요." 하고 그 길로 다시 가기도 했다.

 4월 셋째 주 토요일(그때는 토요일에 등교했다), 이틀이나 결석한 그 아이 집을 가 봐야겠다고 생각했다. 도무지 앞뒤가 맞지 않는 그 아이 말도 확인할 겸 아프다고 하니 직접 가 봐야겠다고 마음먹은 것이다. 하지만 그 아이 집을 아는 애가 없어 가정 통신문에 적힌 주소를 들고 무작정 대학교 앞 포장마차를 찾아갔다. 다행히 토요일 2시쯤에 영업 중인 포장마차는 한 군데밖에 없었다. 내가 "형숙이 엄마세요?"라고 물으니 굳이 '엄마 아니고 이모'라고 말한 그 여자는 날 보지도 않고 어딘가로 전화를 걸었다. 너무 젊어서 그 아이 말대로 친엄마가 아닌 걸 단번에 알 수 있었다.

 한참 뒤에 웬 남자가 저벅저벅 걸어오더니 그 아이 아버지라고 인사를 했다. 아버지라는 사람은 복장부터 예사롭지 않았다. 날카로운 인상에 청바지에 긴 가죽 부츠를 신고, 약간 긴 파마머리에 귀걸이까지 하고 있었다. 정말 꾀죄죄한 초등학생 남자아이도 같이 왔는데 둘은 누가 봐도 부자지간이란 걸 알 만큼 굉장히 닮아 있었다.

 그 남자는 "오늘 형숙이가 학교에 안 갔어요?"라고 하면서 포장마차에서 5분쯤 걸리는 곳으로 안내했다. 어떤 집의 담벼락에 이어 붙여 만든 문간방이었다. 지금 세 들어 살고 있는 집이 작아서 그 아이와 초등학생 동생만 가까이에 따로 있다는 변명을 덧붙이며 삐걱거리는 나무 프레임의 유리문을 밀었다. 낡은 찬장과 연탄보일러 아궁이가 있는, 부엌이라고 하기엔 너무 썰렁하고 초라한 곳이 나왔다.

"형숙아."

그가 낮은 목소리로 부르며 미닫이 방문을 열었다. 얇은 이불을 덮고 방바닥에 누워 있던 그 아이가 부스스한 얼굴로 황급히 일어나 앉는 게 보였다. 그 옆에 갓 돌이 된 듯한 아이가 장난감 몇 개를 가지고 놀고 있었다. 전에 말했던 막냇동생인 것 같았다. 아이를 안은 그 아버지와 나, 형숙이, 남자아이까지 네 명이 좁은 부엌에 서 있을 수가 없어 바깥으로 나왔다.

나는 몇 번을 망설이다가 조심스럽게 물어보았다.

"보기엔 친아버지 같은데 형숙이는 자꾸 나에게 친아버지가 아니라고……."

그 말을 들은 남자가 형숙이를 힐끗 보았다. 그리곤 날 보며 말했다.

"얘 친엄마가 바람을 피워, 어릴 때 그 남자를 친부라고 한 모양인데, 그래서 얘가 가끔 그런 혼동이 오는 모양입니다. 너 왜 자꾸 그런 말을 해?"

"난 자꾸 그때 기억이 나서……."

그 아이는 멋쩍어하며 그 남자의 말에 얼버무리며 동의했다. 하지만 나는 그때 "내가 우리 형숙이를 얼마나 아끼는데."라며 형숙이의 어깨를 감쌌을 때 움찔하던 그 아이의 표정을 보지 못했다. 아니, 못 본 척

했다. 주민등록등본에 부녀 관계로 되어 있으니 친부인 건 맞는데, 지금 자기 처지가 너무 힘드니까 배신감을 덜 느끼려고 친부임을 부정하고 있다고, 그렇게 내 멋대로 해석하며 외면했다는 말이 더 정확한 표현이리라.

3월부터 그 아이는 나에게도 친부모가 아니라고 열심히 이야기했다. 하지만 나도 믿지 않았다.
"그래, 그렇더라도 어쩌겠니? 네가 열심히 생활하고 최소한 19살은 되어야 혼자 독립할 수 있으니까 그때까지 참고 견디렴."
아이의 호소에 이렇게 답하니 나에게도 더 이상 깊은 이야기를 할 수 없었을 것이다.

그렇게 석 달이 지나고, 그날 나는 계부가 성폭행까지 저지른다는 엄청난 말을 듣고 만 것이었다. 어떻게 해야 할지 몰랐다. 무언가를 비밀리에 해야 할 것 같았다. 학교 상담프로그램을 하러 오는 '청소년 상담센터'에 전화했다. 당장 데리고 오라고 했다. 나는 수업 시간을 이리저리 바꾸어 세 시간 정도 비는 시간을 확보해서 형숙이를 태워 상담센터로 향했다. 때마침 점심시간이라 근처에서 아이에게 점심밥을 사 먹였다. 그때 밥에다가 고기를 얹어 주는 나를 보며 눈물이 글썽해진 그 애가 말했다.
"태어나서 내 밥에 반찬 얹어 준 사람은 선생님이 처음이에요."

밥이 목에 걸려 넘어가지 않았다.

상담소에서의 상담은 생각보다 짧았다. 짧은 시간 동안의 상담만으로도 그 애의 말에 신빙성이 있다고 판단했다. 이렇게 금방 알 수 있는데 우리는 왜 더 일찍 그 아이 말을 믿지 않았을까 후회가 물밀듯 밀려왔다. 상담사는 그 아이가 지금 죽을지도 모를 만큼 위험한 상태이니 있을 만한 곳을 알아봐 주겠다고 했다. 형숙이에게는 시간이 좀 걸리니까 그동안 집에서 눈치 못 채게 평상시처럼 생활하면서 기다리라고 신신당부했다. 감금의 위험도 있었기 때문이었다.

기다리는 그 며칠은 몇 년이나 되는 것처럼 초조하고 마음 졸이는 시간이었다. 무슨 첩보 작전이라도 하는 비밀 요원처럼 상담소와는 아주 은밀하게 연락을 주고받았다. 그 애를 맡아서 성인이 될 때까지 돌봐 줄 만한 곳은 쉬이 찾아지지 않았다. 그러나 그 아이는 누가 봐도 알아차릴 수 있을 만큼 너무 들떠 있었다. 나는 우리 계획이 탄로 날까 봐 바늘방석에 앉은 것처럼 초조하고 불안한 하루하루를 보냈다.

열흘이 채 되지 않아 그 애는 계부에게 또 맞고 성폭행까지 당한 채 학교로 왔다. 나는 아무도 모르게 종합 병원 산부인과에 가서 정액 검사를 했다. 더 이상 미룰 수가 없었다. 그날 그 길로 그 애를 탈출시켜야 했다. 혹시 다시 성폭행을 당하면 옷을 갈아입지 말고 오라는 상담사 당부 때문에 그 아이는 그날, 입은 옷 그대로 가방도 없이 나왔기 때문이다. 마침 상담소에선 백방으로 수소문해서 후원자도 물색해 놓았고 머물 곳도 찾았다고 했다.

그날이 디데이가 되었다. 상담 선생님 두 분이 학교 밖에서 대기하고 있다가 그 애를 차에 태우고 바로 떠났다. 그 애는 가면서 혹시나 자기를 도와준 선생인 내가 봉변을 당할까 봐 날 염려했다. 사실 내심 겁이 나지 않는 건 아니었으나 의연한 척했다. 나는 언제 그 애가 불쑥 가게 될지 몰라서 미리 사 두었던 속옷과 옷 몇 벌, 빳빳한 지폐 몇 장을 편지와 함께 그 아이 손에 쥐여 주었다. 다시 볼 수 없을지도 모를 그 아이를 아무도 모르게 차에 실어 보내며 잘 견디기를 간절히 바랐다.

우리 반 아이들은 "형숙이가 또 결석하는가 보다, 이번엔 오래 하네." 정도로 생각하는 듯했다. 그렇게 몇 달이 지나는 동안 나는 갖가지 봉변을 당했다. 어느 날은 난데없이 계모가 와서 아이가 없어졌는데 혹시 당신이 알지 않느냐고 내 의중을 떠보고 가고, 어느 날은 계부가 와서 아이를 찾아내라고 교무실에서 난동을 부렸다.

그 아이가 떠난 뒤 한 달 뒤쯤, 나는 경찰서 출두 통지서를 받았다. 상담센터에서 보고해야만 하는 사안이어서 신고했기 때문이었다. 나는 교무수첩과 전에 받아 두었던 산부인과 진단서를 가지고 가서 참고

인으로 증언했다. 가끔 가출한 아이의 보호자로 경찰서를 가 보긴 했지만, 어떤 사건에 대해 증언하기 위해 경찰서를 방문한 건 그때가 처음이었다. 그 뒤 계부가 구속되었다는 소식을 들은 뒤에도 나는 봉변을 두 번이나 더 당해야 했다. 그 꾀죄죄하던 아이와 함께 온 할머니라는 사람이 다짜고짜 나를 향해 온갖 욕을 퍼부었다.

"그년 찾아내라, 내 자식이 지금 감옥에 있어! 네년이 고발한 거 다 알아!"

교무실에 여선생님 세 명만 있던 날은 오들오들 떨면서 경찰을 불렀다. 사람들은 내가 무슨 큰 잘못이라도 저질렀다고 오해했을 수도 있었을 것이다. 하지만 나는 어떤 것도 말할 수 없었다. 아직 재판이 진행 중인 사건이었고, 이 말이 그들 귀에 들어가 나에게도, 형숙이에게도 정말 큰일이 생길까 봐 두려웠기 때문이었다.

한참 지난 뒤에 계부가 3년 형을 선고받았다는 소식을 들었다. 나는 꽤 오랫동안 그 남자가 감옥에서 나와서 나를 잡으러 다니는 악몽을 꾸곤 했다.

외로움이 폭력보다 더 무서웠던 걸까? 무사히 다른 도시로 탈출한 그 아이는 처음 몇 달은 다시 돌아오고 싶다고 울면서 한밤중에 수신자 부담 전화를 해서 나를 애태웠다. 그러다가 시간이 흘러 안정을 찾은 듯했다. 전화기 너머로 반가운 소식이 들려오기 시작했다.

"이번에 반에서 10등을 했어요.", "선생님, 대학도 가려고 열심히 공부하고 있어요."

형숙이의 생기 있는 목소리를 들으니 나도 모르게 가슴이 찡했다. 대학을 가겠다는 꿈만으로도 그 아이는 정말 꿈꾸는 것처럼 가슴 벅찰 걸 아니까.

그때 그 아이가 열다섯 살이었으니 지금은 마흔 살이 되었을 것이다. 딱 그 당시의 내 나이가 되어 있을 그 아이가, 지금 누군가의 희망이 되어 있으면 좋겠다. 고등학교, 대학교를 졸업하고 어떤 회사에 다닌다는 소식까지 들었지만, 지금은 연락이 되지 않고 있다. 그래도 잘 지낼 거라고 믿는다. 그 수렁을 빠져나온 힘은 어떤 고난도 이겨 낼 용기를 주었을 테니까. 힘들게 빠져나온 수렁으로 다시 들어가지는 않을 테니까.

어느 선생님이었더라도 그 아이 일을 알았다면 나와 같은 선택을 했을 것이다. 나는 다만, 그 아이가 끊임없이 보내던 SOS 신호를 알아챘을 뿐이다. 아무리 거짓말 같아도, 아무리 믿기 힘든 일일지라도 아이들의 말을 귀담아들어야 한다는 것, 그것을 깨닫게 해 준 그 아이 덕분에 나 역시 좀 더 나은 선생이 될 수 있지 않았을까.

그렇게 난 종착역에서 내렸다

나는 1984년 3월 1일에 교직이라는 기차에 올랐다. 내 기차표의 종착역은 2025년 2월 28일이었다.

맨발의 발자국을
교실 바닥에 새기며 걸어가는
아이의 뒷모습엔
십 리 산속 길의 흔적이
빗물에 젖어 있었다.

드문드문 비어 있던 자리가
굵은 빗방울과 빗소리를 묻혀
들어오는 아이들로
하나씩 채워져 갈 때
나의 가슴에도
눈물이 가득 채워졌다.

학교는 꼭 와야 할 만큼
배워 가지도 않지만
침수된 다리, 터져 버린 둑으로
십 리 산길을 미끄러지며 등교한 아이들 앞에
학교에 꼭 와야 한다고 장담할 만큼
진실만을 가르치진 못한 못난 선생이
실로 부끄러운 몸짓으로
서 있을 수밖에 없는 날

겨우 발목도 적시지 못하는
축복받은 땅에 사는 내가
나의 축복을 몽땅
아이들에게 작은 우산으로
나누어 주고 싶은 날

책 속의 글자가 채 마르기도 전에
"안녕히 계십시오"란 말을 남기고
장대처럼 쏟아지는 빗속으로
자그마한 계집애들이
등을 보이며 떠났을 때

쉼 없이 차오르던 눈물로

내 가슴에선 소리 없이

둑이 무너져 내렸고

나는 이미 쉰일곱 개의

젖은 영혼으로

그 애들이 뒤를 따라가고 있었다.

교직 생활 첫해에 썼던 나의 졸작 '장마'라는 시이다. 처음 내가 발령받은 학교는 예천군의 면 단위 학교였다. 한 학년이 대여섯 반 정도 있었으니 그 당시에도 작은 학교는 아니었다. 아직도 군사정권이었던 그 시절, 중고등학교보다 일찍 방학했던 대학생들이 농활이라도 오면 우리는 온통 아이들을 단속하느라 애를 썼다. 밤사이 대학생들이 머물렀던 장소에 잠깐이라도 간 학생 명단은 다음 날 아침 아이들보다 먼저 학교에 와 있었다. 담임 선생님은 교장실에서 한바탕 곤욕을 치르고, 교실에서는 학생들을 다그쳤다. 나는 호기심에 거기 좀 간 게 뭐 어떠냐고 말하고 싶었지만 끝내 말하지 못했다. 그런 어쭙잖은 반항으로 내 교직을 걸 수는 없었으니까. 하지만 부끄러웠다. 그래서 나는 우리 반 아이가 거기에 갔다는 이유로 교장실에서 한바탕 곤욕을 치렀을지라도 한 번도 아이들을 꾸중하지 않았다. 단지 안 갔으면 좋겠다는 말만 했을 뿐……. 어느 날, 장대처럼 쏟아지던 비를 쫄딱 맞고, 늦은 시간에 등교하는 1학년짜리 꼬마애들을 보는 순간, 이렇게까지 와야 할 만큼 우리가 진실을 가르치고 있나 하는 부끄러움이 다시 밀려왔다. 이 시는 그날 지었던 시이다.

그때 나는 참 열심히 하는 선생이었으나 늘 '무엇을 가르쳐야 하나'에 대한 고민이 있었다. 세월이 한참 지나서는 '어떻게 가르치나'가 더 중요한 화두가 되었지만, 그때는 '아이들에게 지금 우리가 가르치고 있는 게 진실인가'에 내 시선이 머물렀다. 학교라는 곳의 존재 이유가 정권이 원하는 사람을 양성하는 데 있다고 할 만큼 학교는 정부 시책에 충실했다. 내 고등학교 시절이나 그때나 교련 선생님의 위세가 제일 막강했던 시절이었다. 학교가 작은 속국 같았다.

4년 뒤 나는 시 단위 여자고등학교로 전근을 갔다. 전국이 전국교직원노동조합 창립으로 시끄러웠다. 집까지 찾아오고 내 시댁까지 들먹이며 조합 탈퇴를 종용하는 그들에게 굴복해 나는 결국 탈퇴했다. '탈퇴 각서'라는 종이 쪼가리 하나의 거짓말을 못 해서 한 교사가 운동장을 가로질러 학교를 떠났다. 그때 나는 교실에서 임신한 몸으로 대학입학학력고사 모의고사 문제를 풀이하고 있었다. 나는 입으로는 자꾸만 빨라지는 말로 쉬지 않고 문제를 풀며, 눈으로는 학교를 떠나는 그가 교문을 등질 때까지 오래도록 바라봤다. 결혼하고 첫아이를 낳았던 그 학교에서 2년을 근무하고 경북에서는 아래쪽인 경주 쪽으로 옮겼다.

"여기 어디쯤인 거 같은데……."
"아니고, 다음 네거리 같아요."
"아니지, 여기서 자기가 기다렸잖아."
"그런가? 너무 많이 변해서 여기인지 저기인지 모르겠어요."

요즘도 남편은 운전하며 그곳을 지날 때면 꼭 이 말을 한다. 자기는 저쪽 방어진에서 차를 몰고 왔고 나는 이 모퉁이에서 기다렸다고. 그 말을 들으면 나는 어김없이, 지나가는 모든 차를 확인하며 하염없이 서서 기다렸던 그때가 떠오른다.

도간 교류가 쉽지 않아서 남편이 있던 울산 가장 가까운 곳으로 온다고 경주를 선택했는데 하필 나는 경주시 중에서 가장 먼 감포로 발령이 났다. 정자 바닷가에서 6개월간의 단칸방 생활 끝에 울산에 있는 한 아파트에 입주했다. 입주한 새 아파트는 시내버스가 다니지 않았다. 나는 남편 차를 타고 새벽 6시 40분에 지금은 너무나 바뀌어 잘 알 수도 없는 어디쯤의 시외버스 간이역에서 내렸다. 거기서 시외버스로 갈아타고 감포까지 통근했다. 퇴근 후 귀가할 때도 남편 차를 타고 집에 가야 했기 때문에 나는 회사에서 오는 남편을 길에서 기다려야 했다. 휴대 전화가 없던 시절이라 그냥 지나가는 차량마다 확인하며 기다리는 수밖에 없었다. 내가 길에서 기다리는 줄 알았지만, 남편은 상사 눈치에 제시간에 퇴근하기가 힘들었다.

어느덧 계절은 가을에서 겨울로 넘어갔다. 내가 그 길모퉁이에 내릴 때 이미 날은 어둡다 못해 깜깜해져 있었다. 줄줄이 오는 차들 속에서 남편 차를 알아채고 잽싸게 올라타야 했기 때문에 눈부신 헤드라이트 불빛의 차들을 몇 시간씩 보고 있노라면 나중에는 머리가 다 어질어질했다. 우리는 둘 다 나날이 초췌해졌다. 그렇게 한 학기를 보내고서야 우리 아파트 앞으로 시내버스가 다니게 되어, 아침에만 남편 차를 타고 출근할 수 있게 되었다.

그때 내가 근무하던 학교는 언덕 위에 있었다. 자가용으로 가면 집에서 학교까지 1시간도 채 안 걸렸지만, 버스를 타고 통근하면 학교까지 거의 1시간 반도 넘게 걸렸다. 버스에서 내려 학교까지 다시 20분은 걸어 올라가야 했는데 바닷가로 난 길에는 나무가 없었다. 여름에는 이미 중천에 뜬 해로 뙤약볕에 헉헉거렸고, 겨울에는 찬바람에 온몸이 꽁꽁 얼었다. 비 오는 날에는 바람도 정말 세게 불었다. 혼자 뒤집힌 우산에 의지해 간신히 교무실에 도착해도 수업에 바로 들어갈 수가 없었다. 여름엔 얇은 옷이라 몸에 달라붙었고, 봄가을에는 옷에서 물이 뚝뚝 떨어졌기 때문이다. 숙직실에 두었던 옷을 갈아입고 교실에 들어갔다. 그렇게 감포에 있는 학교에서 2년을 근무했다. 감포에서 2년 근무한 뒤, 그나마 울산에서 가장 가까운 경주의 중학교로 옮겼다. 하지만 단지 버스 통근 시간이 조금 줄었을 뿐이었다.

울산의 중학교로 넘어온 것은 1999년이었다. 경북에서의 15년 교사 생활 끝에 울산 교사가 되었다. 울산은 그때 막 광역시로 승격하여 경북보다는 신선한 제도가 제법 있었지만 뭔가 자리가 덜 잡힌 느낌이었다. 나는 종갓집 같은 경북교육제도에서 막 신접살림을 난 것 같은 울산교육체제에 적응하느라 한동안 애를 썼다. 모든 게 그러하듯 절대적으로 좋기만 하고, 절대적으로 나쁘기만 한 것은 없다. 처음엔 "이건 왜 이래?", "왜 이렇게 허술하지?", "경북엔 이랬는데……." 하던 것들도 지나고 보니 더 나은 것들도 많이 있었다. 울산으로 넘어온 해가 전국교직원노동조합 합법화와 맞물려서 그럴 수도 있지만 무엇보다 교사를 위한 제도들이 더 많았던 것 같다.

울산에서 교사로 26년을 근무하는 동안 나는 내 아이들의 초등학교, 중·고등학교 입학식에 한 번도 참석하지 못했다. 두 아이 졸업식도 여섯 번 중 세 번만 참석할 수 있었다. 공교롭게도 내 아이 입학할 때는 1학년 부장이어서 학생들의 입학식을 진행하느라 정신없었고, 내 아이 졸업식 날에는 3학년 부장일 때가 많아서 학생들의 마지막 중학교 생활을 마무리해 주어야 했다. 대개 학교의 입학식과 졸업식은 거의 같은 날 하기 때문이다.
"엄마는 언제나 우리보다 일이 먼저였어."
다 크고 난 뒤 아이들이 내게 말했다. 내 자식들에겐 너무나 부족하고 미안한 엄마였다. 아이들 말에 가슴이 아팠지만, 내 자식이 아닌 아이들을 위해 학교에 있었던 수많은 선택 또한 사실이었다. 그래서 최소한 학생들에게는 상처로 남는 교사는 아니었을 거라고 믿는다.

그렇게 무사히, 그야말로 무사히, 41년의 교직 생활을 마치고 나는 올해 정년퇴직을 했다. 그리고 '황조근정훈장'을 받았다.

교직이란 기차를 타고 가장 아름다운, 내 차표의 종착지 마흔한 번째 역에서 무사히 내리게 되어 기쁘다. 어쩌면 앞선 역에서 미리 내렸다면 더 아름다운 풍경을 볼 수 있었을지도 모른다. 그 역에서 다른 방향의 역으로 가는 기차를 탔을 수도 있고. 하지만 나는 종착역인 이 역이 가장 아름답다고 믿는다. 나는 그 기차 안에서 다른 이들과 좋은 시간을 보내고 좋은 기억을 가지고 내렸으니까. 그 기억을 안고 저문 가을의 산 같은 내 종착역에서 각각의 색으로 물들어 가는 주위를 돌아본다. 조금은 편하게 쉬어 보고 싶다. 편하게 쉴 수 있는 것만으로도 내가 내린 종착역은 충분히, 아름답다.

끝내 가 닿지 못한 한마디

아버지께서 '문집'을 내고 싶어 하신다는 것을 알게 된 건 2014년 여름이었다. 어머니의 일흔일곱 번째 생신날 시골집에 모두 모였을 때, 아버지께서 음력 10월 20일인 당신의 팔순연에 맞춰 책을 내고 싶다고 말씀하셨다. 그날 초대하는 친구와 친척들에게 주고 싶다고 하셨다. 그러고 보니 그동안 몇 차례 의중을 말씀하셨던 거 같은데 우리는 흘려들었던 것 같다. 국어 선생이었던 내가 자청해서 하겠다고 말씀드렸다. 그제야 아버지는 그동안 써서 모아 놓으셨던 글을 분홍보자기에 싸서 소중한 보물인 양 나에게 주셨다.

그것들을 가지고 집으로 와서 방학 동안 아들과 딸을 동원하여 열심히 한글 파일에 키보드로 쳤지만 그해에 책을 만들진 못하였다. 아버지가 쓴 글은 진솔하긴 했지만, 입말이 많아서 그대로 써야 할까, 수정을 좀 해야 할까 망설여졌다. 소재도, 주제도 일정한 맥락 없이 흩어져 있어서 어떻게 분류해서 실어야 할지 난감했다. 그렇게 여름 방학이 지나가고 나는 다시 학교 일에 정신없이 바빠서 결국 아버지 팔순연에는 문집을 내놓지 못하게 되었다. 정해 놓았던 시간을 놓치고 나니 굳이 어떤 기일에 맞출 필요가 없어서 차일피일 미루게 되었다.

그러다가 3년이 지난 2017년 7월 초, 중이염으로 입원하셨던 아버지의 퇴원이 자꾸만 늦어지더니 급기야 큰 병원에 가 보라는 말을 들었다. 우리는 암인 것 같다는 말을 듣고 대학병원에만 가면 금세 어떤 암인지 알 수 있을 줄 알았다. 하지만 9월 초 전립선암 판정을 받을 때까지 아버지는 검사받고 결과를 보고, 또 다른 검사를 진행하기 위해 그 시골에서 여러 번 대구의 병원을 오가서야 했다.

처음 암일지도 모른다는 말을 들었을 때 나는 다시 '아차, 문집' 하면서 시골집에 가서 글모음 보따리를 찾았다. 그건 여전히 분홍보자기에 싸여 사랑방에 모셔져 있었다. 팔순연에 책을 못 내고 해가 바뀌니 아버지께서는 다시 가져다 달라고 하셨다. 그동안 아버지는 서운함을 감추고 혼자 책을 만드시기 위해 노력하신 듯했다. 글모음 속에 워드로 쳐서 인쇄한 종이들이 새로 추가된 걸로 봐서 아마 출판사에 맡겨 보신 듯했다. 전에 아버지 지인 출판사에서 만들기로 했다고 말씀하시던 게 생각났다. 하지만 처음엔 호기롭게 만들어 주겠다고 했던 출판사에서도 문서로 작성하기만 하고 어찌지 못한 모양이었다.

아버지의 글모음 보따리가 나를 참 난감하게 했던 것처럼 그 출판사도 그랬으리라. 비슷한 글이 조금씩 수정되어 몇 개씩 있기도 하니 어느 것이 최종 것인지 알기도 힘들었을 것이고, 앞뒤가 잘 연결되지 않는 글을 아버지를 모르는 사람이 아버지가 쓰신 의미까지 알아 수정, 퇴고해서 한 편의 글로 완성하기란 어려운 일이었을 것이다. 또 아버지 보따리 안에는 어느 책에 실렸던 아버지 글을 찍은 사진과 다른 사람의 글도 있었다. 한자만으로 몇 쪽을 채운 인쇄물들이었는데 인쇄 상태가 너무 안 좋아서 알아볼 수 없었다. 사진을 찍어 올릴 수 있을 만큼 인쇄 상태가 좋은 것이 아닌데도 아버지는 자꾸 그것도 실어야 한다고 고집을 부리셨다. 나는 최대한 아버지 뜻을 받들어 책을 만들기 위해 노력했다. 그렇게 또 시간이 흐르게 되었다.

돌아보면 우리는 늘 약한 몸으로 아버지 몫까지 일하시는 엄마 걱정을 더 많이 했다. 아버지는 언제나 건강하셨고 우리 일에 관심도, 간섭도 별로 없으셨기 때문에 우리에게 아버지는, 그냥 아버지로서 늘 존재할 뿐이었다. 그랬다가 2011년도에 아버지가 교통사고가 나서 사경을 헤매실 때 우리는 또 깜짝 놀라 '아, 아버지' 하며 열심히 병문안을 가고, 맛있는 걸 사다가 드리며 그동안 못한 효도를 하느라 부산을 떨었다. 그러다가 아버지가 회복되셔서 건강을 되찾자마자 다시 언제 그랬냐는 듯이 우리는 예전으로 돌아가 명절이나 생신 때만 뵙게 되었다.

언제나 든든한 나무처럼 계실 줄 알았던 아버지가 다시 편찮아지셨고, 이번엔 불길한 생각을 할 만큼 아버지는 급격히 쇠약해지셨다. 아버지를 이 세상에서 다시 볼 수 없을지도 모른다는 생각만으로 가슴이 먹먹해 와서 우리는 어쩔 줄 모르고 또다시 허둥대기 시작했다.

　내가 기억하는 아버지는 우리가 아주 어렸을 때 세상에 당당했던 아버지 모습이다. 술 드시고 오신 날이면 잠자는 우리를 다 깨워 수염이 유독 많아 까칠한 당신 얼굴을 우리의 뺨에 비비며 "너희들은 아버지가 얼마나 위대한지 아냐? 모르나?" 하시곤 했다. 한때 아버지는 시골에서 꽤 알아주던 유지이셨다. 나중에 아버지 유품을 정리하다가 최연소 면의원 당선증, 지금은 사람들이 알지도 못하는 정화 위원 위촉장, 평화통일 자문위원 위촉장, 대통령에게서 받은 시계, 조합장 명패 등을 장롱 속에서 발견했다. 아버지가 소중하다고 생각했던 가치가 우리에겐 의미 없는 것들이 되어 버린 사실이 나를 슬프게 했다.

　아버지의 글모음 보따리를 다시 차분히 정리하면서 아버지 이름으로 된 책을 내는 일이 아버지에겐 몇십 년을 두고 준비해 오신 것임을 알게 되었다. 아버지는 1976년부터 꽤 오랫동안 꾸준히 일상에서 느끼는 단상을 글로 써 오셨다. 글 중에는 자식에 관한 이야기보다는 아버지가 '안해'라고 표현한 엄마에 관한 이야기가 많았다. '안해'란 '집안의 해 같은 존재'라는 의미라고 글에 쓰셨다. 일상생활에서 아버지는 이런 마음을 엄마에게 표현하셨을까? 우리는 별로 보지 못했지만, 엄마는 알고 계셨을 것 같다. 심지어 아버지 글 중에는 일흔을 5년이나 앞둔 1999년에, 일흔에 책을 내시겠다고 미리 써 두신 발간사도 있었다. 아버지는 일흔에 책을 꼭 내시고 싶으셨는데 말씀을 못 하시고 혼자 어쩌지 못해 무산되었나 보다. 우리는 왜 좀 더 일찍 알아채지 못했을까?

나는 바쁜 마음으로 아버지의 지난 삶을 한 권의 책으로 묶어내기 위해 노력했다. 아버지는 조금은 우쭐하셨을 지역 유지로서의 모든 직함을 내려놓고 결국 '농부'로 자신을 정의하셨다. 그래서 친구분도 '즐거운 농부'라는 의미의 '낙전(樂田)'이란 호(號)를 지어 주셨다. 아버지 자신이 직접 지으신 책 제목도 '농심을 가슴에 안고'였다. 공교롭게도 그 당시 농협 홈페이지의 캐치프레이즈와 같았지만 난 기꺼이 그 제목으로 책을 만들었다.

언젠가부터 아버지는 더 이상 문집에 관해 묻지 않으셨다. 돌아가신 후 되짚어 보니 3주 전쯤부터였던 것 같다. 내가 "아버지, 책 이제 다 돼 가요."라고 말씀드려도 아버지의 눈이 더 이상 기쁨으로 빛나지 않았다. 나는 초조해져서 밤새워 글을 수정하여 목차를 정하고 편집했다. 드디어 토요일에 자주 거래하던 출판사에 최종 편집본을 넘기며 최대한 빨리 만들어 달라고 했다. 보통 때는 몇 번의 수정본이 오갔지만, 그냥 빨리만 만들어 달라고 했다.

안타깝게도, 아버지는 그렇게 소원하던 당신의 문집을 단 몇 시간의 차이로 못 보고 돌아가셨다. 책은 월요일 밤늦게 퀵 배송으로 병원으로 배달되었지만, 그때 아버지는 임종을 앞두고 마지막 숨을 내쉬고 계셨기 때문이다. 결국 나는 그 책을 아버지 영전에 바쳤다. 아버지 소망대로 문상 오신 친척들과 친구분들에게 나누어 드렸다.

그 책의 서문은 '다섯 자식의 사부곡'이란 이름으로 우리 다섯 남매가 썼다. 우리는 그동안 아버지께 한 번도 직접 하지 못했던 말, "아버지, 사랑합니다."라고 절절한 마음을 전했지만, 아버지는 끝내 그 말을 듣지 못하셨다. 하지만 아버지는 병원에 계실 때 우리 모두에게 "고맙다."란 말씀을 하셨다는 걸 아버지 돌아가신 뒤에 알게 되었다. 우리도 돌아가시기 전에 큰 소리로 아버지께 "사랑합니다.", "고맙습니다."란 말을 해 드렸으면 좋았을 것을……. 새털처럼 수많은 나날 속에 그렇게 많은 말들을 했으면서도 정작 그 한마디를 못 건넸다는 게 너무도 후회스럽고 안타깝다.

지금 우리는 엄마께 "엄마, 사랑해요."란 말을 아끼지 않고 하려고 한다. '사랑'도 가슴속에서만 머물기보다는 입에서 귀를 거쳐 흘러야 계속 솟구치는 샘과 같다는 걸 깨달았기 때문이다. 지금이라도 이 말이 흘러 아버지께 가 닿기를 바라며 나지막이 속삭여 본다.
"아버지, 사랑해요."

우리가 사랑한 건 그 놀이일까, 그 시간일까

우리가 설날에 다시 그 놀이를 하게 된 건 엄마 말씀 덕분이었다. 엄마가 쓰러져서 삶과 죽음을 연결하는 몇 개의 긴 줄들을 단 채, 두 달여 동안 병원에 계실 때는 우리 중 누구도 이 놀이를 다시 하게 되리라고 생각하지 못했다. 그럴 겨를도 없었거니와 그걸 다시 하며 하하 호호거리며 웃는다는 것이 왠지 엄마께 죄송한 일처럼 느껴졌다. 하지만 엄마가 쓰러지고 석 달이 된 설날, 우리는 다시 그 놀이를 하기로 했다.

우리가 엄마와 마지막으로 우리 놀이인 '고스톱'을 쳤던 건 추석날 밤, 엄마가 쓰러지기 딱 한 달 전이었다. 전화기 너머 들리는 엄마 목소리가 기운이 없거나 "그래, 뭐, 너희들이 잘 있으면 그걸로 됐다."라는 식의 말이 나오면 우리는 그 놀이를 위해 엄마 집으로 모이곤 했다. 엄마의 힐링 타임 유효 기간이 끝났다는 것을 의미했기 때문이다. 그 주기는 보통 한 달 정도였다. 추석을 쇠고 한 달쯤 되었을 무렵, 엄마는 유난히 기운 없는 목소리로 전화를 걸어 "많이 바쁘냐?" 하고 물으셨다. 그냥 묻는 말투였지만, 우리는 그 의미를 알아챘다. 아버지 기일만 아니었어도 우리는 바로 그 주 토요일에 모였을 것이다. 하지만 지방에 흩어져 사는 우리가 두 주 연속 올라가기엔 무리여서 아버지 기일에 모이자고 했다. 그랬는데 그만, 엄마가 아버지 기일을 일주일 남기고 뇌경색으로 쓰러지셨다. 거의 매일 가다시피 하는 남동생이었지만 그 날 엄마를 발견했을 때는 이미 골든 타임이 훌쩍 지난 뒤였다.

엄마는 3주를 중환자실에 계시다가 일반병실로 옮기셨다. 입원한 지 두 달쯤 되었을 때 병원에서는 더 이상의 호전을 기대할 수 없다고 병실을 비워 달라고 했다. 다섯 자식 중 누구도, 아직 혼자 아무것도 할 수 없는 엄마를 선뜻 집으로 모시겠다는 말을 꺼내지 못했다. 결국 엄마를 요양병원에 모실 수밖에 없었다. 매일 면회가 가능했던 병원과 달리 요양병원은 일주일에 세 번의 면회만 허락되었다. 그것도 겨우 20~30분 정도만. 우리는 그것만이라도 지키고자 대구에 사는 두 동생은 물론, 부산, 울산, 서울에서 열심히 엄마 병원으로 오갔다.

엄마는 석 달 만에 겨우 혼자 숟가락으로 미음을 뜨기 시작하셨다. 엄마는 요양병원에서 어떤 날은 큰일을 치러야 하는데 준비하지 못해 안타까워하시고, 어떤 날은 반가운 손님이 오는데 대접을 잘할 수 없는 당신이라 속상해하셨다. 평생을 해온 '큰일 잘 치르기', '손님 잘 대접하기'를 해낼 수 없는 지금, 엄마는 돛대도 삿대도 없이 거센 파도에 휩쓸린 난파선 같아 보였다. 어찌할 바를 모르고 우리에게 준비를 재촉하기도 하고, 아버지 체면을 구겼다며 우시기도 하셨다. 엄마의 기억 저장소 중 어느 시기의 기억만 사라진 듯했다. 아버지 돌아가신 걸 기억 못 하시고 늘 아버지 손님을 잘 대접하시려고 머릿속이 분주하셨다.

그러던 어느 날 문득, 엄마는 그때 기억이 나는지 아련한 눈빛으로 말씀하셨다.
"지난 추석처럼 빙 둘러앉아 고스톱 치면서 하하 웃으면 금방 나을 것 같은데……"
그러고는 내 손을 잡고 당부하셨다.
"나 없더라도 너희들이라도 자주 모여 고스톱 치고 놀아라."
엄마는, 당신이 아프셔서 우리들의 놀이가 중단되면 예전처럼 우애 있게 지내지 못할까 염려되신 것이리라. 엄마가 쓰러지신 후, 아이로니컬하게도 엄마 면회를 하느라 우리는 더 자주 모였다. 하지만 우리는 단 한 번도 그 놀이를 하지 않았다. 엄마의 그 당부가 없었다면, 아마 이번 설날도 그냥 보냈을 것이다.

설날, 우리는 엄마 없는 엄마 집에 모여 고스톱을 치기 시작했다. 엄마까지 다섯이던 고스톱판에는 이제 넷뿐이다. 엄마의 빈자리가 커서인지 우리는 예전처럼 크게 웃지 못했다.
"엄마가 계셨으면 이럴 때 이런 말씀 하셨을 텐데……"
"엄마랑 다섯 명이 할 땐 참 좋았는데……"

"화투 들고 병실로 가서 해 볼까?"

이런 이야기만 오갔다. 판은 늘어진 테이프에서 흐르는 노래처럼 느릿느릿 돌았다. 놀이는 바람 빠진 풍선처럼 좀처럼 동력을 찾지 못하고 천천히 진행되고 있었다.

"언니 할 차례야."
"아, 그래?"
"이번에 누가 땄지?"

누구 차례인지도, 방금 끝난 판의 딴 사람도 기억하지 못할 만큼 누구도 집중하지 못했다. 그래도 우리는 엄마와의 약속을 지켜야 한다는 듯이 설날 밤에 그 놀이를 계속했다.

그랬다. 우리는 명절이든 아버지 제사 때든 모이기만 하면 고스톱으로 밤을 새우곤 했다. 사위들은 명절이나 아버지 기일 때는 엄마께 우리를 남겨 두고 일찍 돌아갔다. 서울 사는 막내는 흥미도 적고 거리도 멀어 일찍 가고, 나머지 송가네 식구들만 모여 맛있는 걸 먹으며 고스톱을 치곤 했다. 그것도 모자라 우리는 한 달 주기로 엄마의 호출 신호에 기꺼이 응하여 엄마와 함께 그 놀이를 하며 실컷 웃고 떠들었다.

그때마다 우리는 다섯 남매인 게 얼마나 다행인지 모른다고 입을 모았다. 그 이유 중 하나에 고스톱도 포함되었다. 서울 사는 막내를 제외

하고 나와 여동생 둘, 남동생, 엄마 이렇게 다섯이 모이면 광을 두 명이 팔 수 있어서 딱 재미있는 고스톱판이 되었기 때문이다. 아버지 살아 계실 땐 엄마와 아버지가 번갈아 치셨고, 아버지 돌아가신 뒤엔 엄마 혼자서 계속 치셨다.

언제부터 우리 식구가 모여서 고스톱으로 친목을 다지게 되었는지는 잘 기억나지 않는다. 하지만 우리에게 이 고스톱은 너무도 익숙한 놀이였다. 어릴 적 시골에 종조부님, 오촌 아재들, 작은아버지들이 명절에 모였을 때도 고스톱판이 벌어지곤 했다. 하지만 그 판에 엄마는 끼지 못하셨다. 명절 음식 준비하느라 바쁘기도 했고, 남자들만의 놀이라 여겨 엄마는 못 하신 것 같다. 하지만 엄마도 고스톱을 할 줄 안다는 것을, 심지어 무척 좋아한다는 걸 알게 되었다. 그리하여 고스톱은 자연스럽게 우리 가족에게 특별한 의미를 지닌 놀이가 되었다. 이게 정말 우리 민족의 놀이인지, 혹은 누군가의 말처럼 우리나라를 망하게 하려고 일본이 들여온 것인지는 모르겠지만 우리 가족에게는 끈끈한 유대감을 느끼게 하는 좋은 놀이임이 틀림없다.

우리도 그렇고, 엄마도 이 고스톱은 오직 우리끼리만 할 수 있는 놀이였다. 엄마는 유독 우리와 함께 하는 이 놀이를 좋아하셨다. 엄마는 허리, 다리가 아파 자세를 고쳐 앉으면서도 결코 "그만하자."란 말씀을 먼저 하시지 않으셨다. 우리가 돌아간 뒤 며칠을 혼자 끙끙 앓으실 게

뻔했지만, 그 순간을 정말 좋아하셨기 때문에 우리도 엄마를 말리지 않았다. 어쩌면 우리도 그만두고 싶지 않았는지도 모른다.

"쓰리고!"를 통 크게 외친 남동생이 생각지도 못한 여동생에게 독박을 썼을 때, 누군가가 광 하나만 먹으면 크게 점수가 나는데 싸 버렸을 때, 그걸 날름 먹어 다른 사람이 땄을 때, 우리는 서로 몹시 고소해하며 박장대소했다. 이걸 내야 하는데 저걸 냈다고 구박하기도 하고, 안 칠 때는 치는 사람 훈수도 두어 가며 서로 시간 가는 줄 몰랐다. 백 원짜리 내기였지만 많이 잃을 때는 십만 원이 넘기도 했다. 하지만 우리는 절대로 봐주는 법이 없었다. 오늘 내가 땄어도 내일 내가 잃을 수도 있으니 딴 돈은 그대로 챙겼다. 그리고 마지막엔 자기가 얼마를 잃고 얼마를 땄는지 꼭 계산했다. 그건 마치 고해성사 같은 우리 놀이의 마무리 의식이었다. 우리는 그 놀이를 하는 동안 밥이나 간식 등의 비용은 아버지가 남겨 주신 통장의 공금으로 계산했다. 화투판의 돈으로는 절대로 아무것도 사지 않았다. 우리 놀이의 중요한 규칙이었다.

그렇게 오랫동안 우리만의 즐거운 놀이였던 고스톱인데, 이제 맥이 빠졌다. 언제나 즐겁기만 했던 그 놀이도 엄마가 빠지자, 예전만큼 웃을 수 없었다. 엄마가 병실에 계시는 동안, 이 놀이가 우리에게 더는 즐겁지 않을지도 모른다는 생각이 들었다. 언제 다시 엄마와 함께 둘러앉아 다섯 명의 완전체 고스톱판을 벌일 수 있을까? 엄마가 계시던 그때처럼 밖으로 웃음이 새어 나갈까 신경 써야 할 만큼 크게 웃는 날이 다시 올까?

 이쯤 되니 궁금해진다. 우리가 정작 사랑한 건 무엇이었을까? '고스톱'이라는 놀이였을까, 아니면 그것을 하며 함께 웃고 떠들던 그 시간이었을까. 엄마 없이 그 고스톱 놀이를 하게 된 지금, 우리 가족이 함께해 온 날들을 되돌아보게 된다. 다시 그런 날이 오기를 바라는 마음으로 우리는 가끔씩 그 놀이를 하고 있다.

하나님이 보내 준 문자

쥐뿔도 없던 사람들이 농업을 통해 기반을 잡고자 나섰던 시골살이는 농민 후계자로 비빌 언덕을 마련하는 기회였다. 하지만 그건 정말 돈이 되는 토지를 발견할 줄 아는 눈을 가진 사람이 해낼 수 있는 것이었고, 귀 얇고 경험이 부족한 우리 부부에겐 오히려 마이너스의 삶이 되는 계기가 되었다.

후계자 자금을 신청하고 토지를 알아보는 과정 중에 자금에 맞게 시설하우스까지 지을 수 있는 저렴한 토지는 매입하기 어려웠다. 멘토로 모셨던 목사님께서 꼭 후계자 자금을 이용하는 방법 말고도 다른 진로를 택하여 기반을 잡는 것도 권면해 주셨지만 3개월마다 작물을 교체하고 개인사업이기에 타인과의 마찰보다는 더 나은 생활이 될 것이라 가늠했고, 그 바람에 자금은 쉽게 포기할 수 없었다. 수소문 끝에 읍내에 있는 부동산 중개업자가 하는 말을 믿고 토지를 매입하게 되었다. 매입한 토지에 시설하우스 4개 동과 조립식 주택을 짓고자 했다. 그곳에서 토마토, 애호박 등 농작물을 재배하면서 삶의 기반을 닦을 수 있을 거 같았다. 행복은 잠시, 마을 사람들은 주택이 근접한다는 이유로 조망권침해*를 주장했다. 마을 사람들과의 마찰이 생기는 게 힘겨워 마을 어귀에 매입했던 토지는 일반 농사로 전환하고, 우리는 다른 위치의 토지를 재임대해야 하는 상황에 이르렀다.

후계자 자금은 예상 밖에 벌어지는 일들로 점점 줄어들고, 결국 인부 없이 남편과 단둘이서 시설하우스를 짓게 되었다. 200미터 길이의 흰색 줄을 띄우고 철재를 세울 구멍을 뚫었다. 그리고 나서는 마주 보며 밴딩 되어 있는 철재를 들고 나르며 하나씩 기초를 세워 나갔다. 하우스 철재를 세우기 시작한 지 한 달쯤, 마을 어른들 도움으로 대형 비닐을 덮고, 농사지을 준비를 하여 작물을 재배하기 시작했다.

우리 가족은 비닐하우스 안에 만든 방 하나, 부엌 하나, 그리고 비좁은 욕실이 전부였다. 화장실은 하우스 밖의 이동식 화장실을 사용했다. 세 살배기 딸아이를 어린이집에 보내야 농사를 지을 수 있기 때문에 통학 차량이 운영되는 곳으로 입학시켰다. 아침마다 마을 입구로 이동하여 통학차를 기다렸다. 부모님 집을 다니러 온 딸처럼 보이는 여자가 자기 엄마에게 묻는 소리가 귀에 들어왔다.

---

* 조망권침해란 토지나 건물의 소유자가 향유하고 있던 조망이익이 타인의 건축물 등으로 인해 방해되는 것을 말한다.

"엄마, 저 사람들은 누구야? 언제 이사 왔어? 어디서 사는 거예요?"
"음, 저 사람들 올해 이사 왔어. 저기 논바닥에서 집을 짓고 살고 있어."
"논바닥에 사는 사람들……."
 듣고 있자니 눈물이 핑 돌았다. 때마침 도착한 통학 차량에 딸을 태워 보내고, 눈물을 훔치며 뛰었다. 지속적으로 나 자신을 원망하는 시간이 이어졌다.

 비바람이 몰아치는 궂은 날은 파이프에 비닐을 고정할 때 사용하는 구불거리는 철사 하나라도 더 끼워서 펄럭이는 비닐을 잠재우려 양 볼에 뿌려지는 빗방울을 훔치며 애를 썼다. 세 살배기 딸아이는 천둥번개 치는 소리가 무서워 엄마인 내 품에 바짝 안겼다. 그럴 땐 잘못했던 모든 순간을 떠올리며 무릎을 꿇고 하나님께 울며불며 기도하는 시간을 갖기도 했다. 아무렇지도 않은 날은 잊고 살다가 이렇듯 재해가 다가오는 여름과 겨울은 울부짖으며 밤을 지새우는 날들의 연속이었다. 그러다가 새로운 한 해의 1월이 오면 내 마음은 설렘으로 가득했다. 1월이 될 때마다 새로운 기회가 부여되어 뭐든 잘될 것 같은 희망을 꿈꿀 수 있기 때문이다.

 어느새, 삼 년째가 되는 2010년이었다. 그해 여름 태풍 '곤파스'는 시설하우스에서 사는 우리에게 또 다른 시련을 만들어 주었다. 푸른 하늘을 볼 수 있던 비 가림 비닐하우스는 두루마리 화장지가 풀리듯 너풀

너풀하게 찢겨 나갔고, 그로 인해 마음과 육신이 지쳐 갔다. 딸이 일찍 하원하는 8월 13일 금요일 오후, 휴대 전화에 한 통의 문자가 찍혀 있었다.

"기억하셔요. 자매는 온 우주에서 가장 멋진 분과 함께 살고 있어요. 그분께는 모든 것을, 어떤 것이든, 장소, 상황, 여건 상관없이 이야기하셔요. 들으시고 말씀해 주실 거예요. 외롭다고 생각했다면 큰 실수한 거예요. 그분은 자매가 예수님과 동행함을 선택한 후로 한 번도, 단 한순간도 자매 곁을 떠나신 적이 없어요. 그분을 사랑하고 그분을 더 가까이하셔요."

시골로 이사 오면서 발길을 끊었던 교회 목사님께서 보내 주신 문자였다. 하염없이 눈물을 흘리면서 소리 내어 읽었다. 그리고 내가 할 수 있는 일은 염치없게도 들쑥날쑥 찾던 하나님께 감사 일기를 적기 시작한 것이다. 문자 내용처럼 장소, 상황, 여건이 상관없다는 문자에 내 마음대로 하나님께 간절히 매달렸다. 농로 아래 있는 비닐하우스에 부엌 하나, 방 하나, 욕실을 만들어 살고 있는 나를 보면서 미래의 집에 대한 구조를 생각하게 되었다. 주택가에 방 세 칸, 수세식 화장실, 그리고 입식 부엌을 갖고 싶다는 말도 적었으며, 딸에게 우리가 만든 부채를 물려주는 부모가 되지 않게 해 달라고 간절히 기도했다. 먼 산을 바라보며 부르짖기도 했다.

"하나님! 이사 가고 싶어요. 여기서 구해 주세요. 이 비바람 속에서 이젠 탈출하고 싶어요."

"딸에게 이 빚을 물려주고 싶지 않아요."

아무런 응답은 없었다.

목사님으로부터 문자를 받은 지 일 년이 지나고 가을이 접어드는 어느 저녁이었다. 저녁을 다 먹은 후 남편은 갑자기 상의를 하자고 했다.

"여보 있잖아. 우리가 하우스를 지속하는 게 더 좋을까, 아니면 새로운 길을 찾는 게 나을까?"

지금 하던 일을 멈추고 법인에 합류하여 고흥에서 벼농사를 하자는 이야기였다. 법인회사는 멘토로 모셨던 목사님과 남편의 마을 선배가 함께 운영했던 농업회사였다. 망설일 것도 없이 1년 전 받았던 문자를 회상하며, 기록했던 감사 일기와 기도 제목을 살폈다. 하나님께 부르짖던 시간은 글씨로 남겨져 있었다. 내 삶을 새롭게 시작할 수 있는 절호의 기회라 여겼다.

그렇게 결정이 되자 이사를 계획하고 그 지역의 빈집을 알아보기 시작했다. 작물을 재배했던 하우스는 인근 농부들에게 구매 의사를 물어보고 조망권으로 인해 제대로 활용되지 못했던 토지도 부동산 측에 매매를 의뢰했다.

고흥에 내려와 집을 알아보던 그때부터였다. 꿈에 그리던 방 세 칸,

입식 부엌, 욕실과 수세식 화장실이 있는 집을 구할 수 있게 되었다. 회사에서 빌려주어서 자금적으로는 부담이 덜했다.

논바닥에서 탈출한 우리 부부에게 고흥 지역은 또 다른 관문과 같았다. 회사에서 임대한 집주인이 6개월 만에 계약금을 올리지 않으면 집을 나가 달라는 말에 우리는 또다시 새로운 집을 찾아야 했다. 빈집을 새롭게 수리하는 동안 짐을 보관하던 회사의 육묘장은 태풍 '볼라벤'으로 인해 망가져, 그곳에 있던 옷가지들과 딸을 위해 준비했던 영창피아노는 폐기물로 변해 있었다. 더 이상 딸의 '도레미파솔라시도' 건반 소리를 들을 수 없었다.

새롭게 이사한 집에서는 산기슭에 밤나무와 대나무가 있던 터라 밤마다 지네가 등장하여 물리고 보일러가 작동되지 않았기에 너무 추웠다. 손이 시린 나머지 거품기로 쌀을 씻어 낸 후 밥을 지었던 기억 아련하다. 회사에서는 상사였던 남편의 선배와 남편이 의견 충돌이 있을 때면 남편에 대한 부정적인 표현이 전달되어 마음이 무거워졌다. 엎친 데 덮친 격으로 8년 만에 만난 두 번째 아이를 유산하는 잊지 못할 사연도 생겼다.

그럼에도, 정말 감사하게도 시간이 흐르는 동안 농어민 후계자 융자로 만들어졌던 토지 매입 부채와 하우스 시설 비용 범위는 확연하게 줄

일 기회가 왔다. 2010년에 받았던 문자는 노트의 한쪽에 기록해 둔 뒤 어려울 때마다 상기하게 된다.

나는 기억한다. 찰나의 순간에 스쳐 지나간 내 인생의 주마등 같은 장면들을. 지네와 마주했던 집에서 생활했던 시간도 있었지만, 멘토는 자신이 권했던 농업회사에 합류한 내 인생을 더 단단하게 만들 수 있도록 도와주셨다. 그는 내가 방송통신대에 편입하여 학사를 취득할 수 있도록 지원해 주셨다. 언제나 더 나은 삶을 향해 계속 이끌어 주셨다.

나는 혼자 걷지 않고 있다. 나보다 나를 더 걱정해 준 멘토가 보내 준 문자로 인해 새로운 시작을 할 수 있었다. 어찌 보면 2022년에 유행했던 어포메이션, 성취선언이 나에게는 2010년 8월에 시작되었다고 말하고 싶다. 비록 지금 당장 찬란한 순간이 아닐지라도 나를 떠나지 않으신 하나님 덕분에 오늘도 꿈꾸는 그 길을 걷고 또 걸어간다.

나는 믿는다. 비록 내가 의심 많고 더디 걷더라도, 주께서는 꾸준히 찾고 붙잡고 계속 걸어가는 나를 인도하신다는 사실을 말이다.

결국 꿈은 이루어진다

　회사 상품을 알리기 위해 2013년 광주 전남대학교 후문에 있는 어느 식당 2층에 있는 스마트 소셜협회로 공부하러 다녔던 경험이 있다. 2012년 가을 몸담고 있던 농업회사는 수퍼 푸드 귀리를 계약재배 하게 되었다. 겨울 파종하여 초여름에 수확하는 귀리 작물을 하기 위해 우리는 홍보활동이 필요했다.

　지자체에서도 SNS를 통해 농가 판매 활성화를 장려하고 있던 터라서 회사 직원인 나도 기술센터를 통해 카카오스토리를 개설하게 되었다. 하지만 같은 지역에서 농업을 하는 농부들만 모여 있기 때문에 고객을 확보하기에 어려움이 있었다. 그러다가 기술센터 SNS 강사로 초빙되었던 분 중에 한 분이 광주로 올라오면 고객 확장 및 채널 개설 정보에 관해 공부할 수 있다고 하셨다. 나는 바로 광주로 수업을 받으러 가기로 했다.

　아침에 딸이 학교 가는 노란 통학버스가 떠나면 허벅지까지 오르는 주황색 장화를 신고 일손을 돕기로 한 마을 어머니들과 함께 바다가 보이는 도로가 쪽 간척지 논으로 트럭을 타고 이동한다. 모판에 있는지 모를 한 움큼씩 잡아 들고 질퍽거리는 논으로 들어간다. 펄이 발목을 잡아서 움직일 때마다 기우뚱하면서 비틀거리기도 한다. 해가 중천에 떠오를 때면 배꼽시계는 점심시간을 알려 주고, 일하던 사람들은 서로 약속이라도 한 듯 논 밖으로 나와 점심을 먹는다.

밤에는 에어컨도 되지 않고 털털거리는 오래된 트럭을 몰고 광주 전남대 후문 쪽에 자리 잡은 공부 장소로 이동한다. 화순에서는 올라오시는 회원들은 밤늦게까지 공부하는 학생들을 위해 몸소 담은 따뜻한 밥과 김치와 반찬을 준비해 오신다. 수업이 끝나는 10시가 되면 테이블로 모여 도란도란 이야기하며 밥을 먹었던 기억이 있다.

특별히 다른 지역으로 이동하지 않아도 사람들을 만날 수 있는 SNS는 30년 전 초등 친구를 연결해 주기도 하고, 머나먼 타국에 있는 다양한 업종의 사람을 만날 수 있는 공간으로 무르익어 갔다. 나는 인스타나 페이스북을 통해 직접적인 소비자를 만나서 수출하고 싶은 꿈이 있었다. 막상 해 보니 SNS는 내 꿈과는 달랐다. SNS에서 누군가를 감동하게 하는 일상을 연출해야만 된다는 생각에 점점 어깨가 무거워졌다.

2019년 여름날이었다. 누군가가 꿈을 이루기 위해 고국을 떠나 해외로 자신의 삶을 옮긴 사연이 페이스북에 올라왔다. 두바이 아랍에미리트 항공사의 유일한 한국인 기장으로 생활하고 있는 파일럿의 연재 이야기였다. 그 이야기가 내 마음을 울리기 시작했다.

 자신이 걸어온 인생에 대해 동일한 직종을 향해 꿈을 펼쳐가는 후배들에게 전하는 메시지였다. 그에게 온라인 친구를 신청했다. 너무도 유명한 파일럿이었기 때문에 친구가 꽉 차 있었다. 그가 누군가와 이별해야 내가 친구가 될 수 있는 상황이었다. 하지만 멀리 타국까지 가면서 자신을 도전하는 사람으로 만들어 가고 있는 사람도 있는데 나도 못 할 게 무엇인가? 이런 생각에 친구 신청을 한 후 메시지를 보냈다. 그리고 보름이 지난 후 어느 날 친구 수락이 되어 있었다. 브런치 작가이자 항공사 기장님인 그와 친구가 된 것이다.

 서로의 일상을 응원하는 좋은 친구가 될 수 있었다. 두바이 아랍에미리트 항공사에는 유일한 한국인 엔지니어도 한 분도 계셨다. 두 분이 비행 조종사와 엔지니어를 꿈꾸는 후배들에게 전하는 연재 이야기였지만, 도전하는 사람들에게 위로가 되는 글이기도 했다. 그 글은 내 꿈에 다시 불을 지펴 주었다.
 '내 상품을 두바이로 보내자. 그리고 두바이 항공사에 있는 분들과 나눠서 드시다가 보면, 외국인이 좋아하는 기호를 알 수 있겠지.'
 그렇게 마음을 품고 기장님께 메시지를 보냈다.

"기장님, 안녕하세요? 저는 대한민국 전남 고흥에서 귀리로 누룽지 굽는 사람입니다. 혹시 제 상품을 기장님께 맛보여 드리고, 기내식으로도 가능한지 테스트를 받고 싶습니다."

답변이 왔고, 상품을 보내 드릴 수 있게 되었다. 다양한 비행 일정으로 쉽게 상품을 받는 방법이 많지 않았다. 그래서 선택한 방법은 현장에 항상 계신 엔지니어분에게 문의한 후 상품을 발송하는 기회가 되었다. 그리고 두 사람은 곧 만나기로 약속했다고 한다.

나는 내가 몸담은 회사가 제작한 상품인 국수와 누룽지 그리고 자회사인 여성농업인들이 만든 제과점을 우체국 EMS 방법을 통해 두바이로 보내기 위해 우체국에 방문했다. 우체국 측에서는 코로나가 발현되는 시점이라 공항이 폐쇄되는 곳이 있을 수도 있다고 했다. 조금 걱정됐지만 물건을 성심껏 보냈다. 잘 도착하길 바라면서. 그렇게 회사 상품은 두바이로 출발했다. 그리고 한 달 후, 페이스북 DM으로 연락이 왔다.

"안녕하세요?"
"안녕하세요? 기장님."
"하하. 여쭤볼 게 있어서요. 해맑음에서 만드신 제품을 구매하고 싶어서요."

"와, 정말요?"

"물론이죠. 우리 아내님이 구매하려는데 홈피가 잘 안 열린대요. 두바이 측 문제인지. 누룽지도 잘 먹고 있어요. 짭조름한 귀리 부각을 사고 싶어요. 유자 주스는 무게가 있으니까, 한국에 가면 사 먹을게요."

"예, 알겠습니다. 직접 주문해 주셔도 괜찮습니다."

2020년 2월 23일 17시 15분. SNS를 통해서 수출하겠다는 내 꿈이 달성하는 순간이었다. 꽃샘추위가 기승을 부리는 3월, 다시 항공사를 통해 두바이로 상품을 발송하게 되었다. 온라인 공간인 SNS가 무엇인가 이룰 수 있는 연결 통로로 활용될 수 있다는 것이 감사했다.

사자성어 '결초보은'은 은혜를 잊지 않고 갚음을 이르는 옛말로 전해지고 있다. 내가 근무하고 있는 회사는 2011년 나라는 사람을 빚더미에서 세상 밖으로 나올 수 있게 해 준, 유일한 통로였다. 내가 직접 해낼 수 있는 것은 어떻게 해서든 보답하고 싶은 마음이었기에 어떤 문이든 열고 싶었다. 그해 5월, 코로나 확산으로 인해 공항은 폐쇄되어 제품은 비행으로 한동안 날려 보낼 수는 없었지만, 새로운 환경을 개척할 수 있는 용기를 갖게 되었다.

다양한 채널을 통해 회사 홍보활동을 하면서 '책 읽어 주는 귀리 부인'이라는 별칭으로 마음을 말랑거리게 하는 시를 읽는 활동도 하고 있다. 생산부터 가공까지의 여정에 긍정을 담아 타인의 신체 건강뿐 아니라 건전한 마음도 같이 포장해서 전달하고 싶다. 나는 이렇게 새로운 삶을 향해 전진하며 오늘도 또다시 도전한다.

돛으로 방향을 바꾸며 전진하기

　태어나서 어른이 되기까지 수많은 말 중에서 나를 나답게 만들 수 있도록 배우고 익혀 가는 단어는 바로, '선택'과 '실천'이라는 두 단어이다. 왜냐하면, 연민, 비하와 포기를 일삼던 사람을 조금씩 적극적으로 만들어 주었기 때문이다. 한때는 나에게만 있을 것 같은 지병인 '야뇨증' 때문에 심해 밑바닥을 굴러다니는 조개껍질 같은 존재로 살아갔다면, 지금 나는 물결 위에 두둥실 떠올라 유연하게 떠다니는 나뭇잎 같다.

　'야뇨증'이란, 유아기에 방광 기능이 불완전하여 발생하는 단순한 반사작용으로써, 의지와 상관없이 자동으로 소변을 보게 되는 상태를 말한다. 5세 이후에 자면서 소변을 가리지 못하는 반응이기도 하다. 보통 한 주에 두 번 이상 오줌을 싸야 '야뇨증'이라고 진단할 수 있다고 한다. 서울 아산 병원에서 기재한 질환 백과에 의하면 그 원인은 유전적인 경향, 방광 기능의 성숙 지연, 수면 요소, 수면 중 소변 배출량의 증가, 정신적인 원인과의 관계로 볼 수 있다고 한다.

내 어린 시절은 술을 드시면 난폭해지는 아버지 모습과 그런 아버지의 인기척이 들리면 딸들을 데리고 외양간 창고로 숨어드는 엄마 모습이 기억에 남는다. 나는 유독 경기가 자주 일어나고 자주 아팠던 사람이었다. 5살 이후는 자다가도 조절할 수 있는 소변을 미처 가리지 못했기 때문에 엄마의 아픈 손가락이었다. 1982년 내 나이 일곱 살쯤, 내가 살고 있던 마을은 강 건너 마을로 이주를 권장했다. 현재 주거 지역은 토지 개발이 있어서 반대편에 임대 주택을 건설하여 이사를 하게 되었다. 마을 어른들은 신축되고 있는 집에 비가 새지 않도록 시멘트는 고르게 바르고 있는지, 난방 시설은 잘 되고 있는지, 장마가 와도 부엌에 비가 역류하지는 않는지, 두루 살피면서 공사 현장 사람들을 졸졸 따라다니며 꼼꼼하게 살폈다.

하지만 아버지는 그 부분에서는 방관했다. 토지 개발사업에 연결된 일을 친구와 함께 하면서 집에는 신경을 많이 쓰지 못했다. 주택은 완공되어 주민들이 입주했고 이듬해가 되어 나는 초등학교를 입학했다. 여름 장마 때가 되면 부엌은 빗물이 스며들어 불을 지피던 아궁이를 덮을 만큼 물이 차올라 한강이 되었다. 언니와 동생 그리고 나는 주황색 주름진 바가지로 물을 퍼 올리고 엄마는 물이 가득 담긴 들통의 손잡이를 두 손 꼭 잡고 출렁거리는 빗물을 마당에 쏟아부으시곤 했다. 악몽 같은 여름이었다. 뿐만 아니었다. 초등학교에 다니던 나는 잔병치레가 심해서 조퇴와 결석이 잦았고 나를 때리는 친구가 있었다. 아무리 생각해 봐도 내 유년 시절은 다시 돌아가고 싶은 시간이 별로 없다.

 시간이 흘러 초등학교를 졸업하면서 새로운 세상이 펼쳐질 거라고 믿었다. 내가 배정된 반에는 동창생이 한 명도 없었기 때문에 너무 좋았다.
 '자, 이제 행복하고 즐거운 학교생활을 하는 거야.'
 반짝반짝 빛나고 싶었던 중학교의 추억은 야영장 사건을 계기로 기억을 지우고 싶은 시간으로 마무리되었다. 중학교 1학년 때, 6월에 야영이라는 2박 3일 일정의 체력 훈련이 있었다. 야뇨증이 완치되지 않은 상태였지만 꼭 한 번 친구들이 함께하는 수련회에 가고 싶어 엄마를 설득했다.
 "엄마, 나 잘하고 올 수 있어요."

 힘들게 선택하고 집을 나섰는데 생각과는 다르게 2박 3일 여정은 긴 시간이었다. 학교에서는 반별로, 그룹별로 인원수를 조율하여 직접 요리하는 메뉴를 정하고, 부 식재료를 선택하여 각자가 필요한 물품을 준비했다. 김치찌개, 라면, 된장국, 어묵국 등 국 종류와 반찬 가짓수를 정하여 회비를 거두어 함께, 또는 따로 준비하는 새로운 경험이었다. 모든 것이 준비되고 관광버스에 몸을 실어 충남의 어느 산 중턱에 자리 잡은 야영훈련소로 이동했다. 아침, 점심, 저녁을 따로 준비하고 식사 시간 외에는 체력 훈련을 받고 저녁에는 장기 자랑을 하면서 여학생들의 끼를 한껏 뽐내는 시간을 갖고 여학생들의 등 떠미는 성화에 미혼인 남자 선생님들의 노래도 울려 퍼졌다.

신나는 행사 일정이 마무리되어 몽골 텐트 숙소로 이동하여 잠을 청하는 시간이 되었다. 숙소는 산속 중턱에 있었다. 울어 대는 소쩍새는 하늘 높이 솟아오른 소나무들 아래 내려앉은 어둠 속에서 나를 고독하게 만들었다. 첫날은 고단했어도 뜬눈으로 밤을 잘 지새웠다. 잠깐이라도 졸면 혹시나 실수할 수도 있어서 나는 꼬빡 밤을 지새웠다. 그리고 이튿날, 체력 훈련을 마치고 캠프파이어 준비로 바쁜 시간을 보냈다. 취침 시간이 되어 다시 숲속 중턱에 있는 숙소로 이동했다. 그날도 역시 소나무들 사이로 소쩍새는 울어 댔다. 무리 지어 화장실을 다녀오고 이불을 덮고 모두 취침에 들어갔다. 내 껌뻑이는 두 눈만 무거운 눈꺼풀을 이겨 내려고 애쓰고 있었다.
'오늘 밤만 넘기면 된다, 참 수고했다.'

스스로 위로하며 천근 같은 눈꺼풀을 감당하는 사이, 시간은 어느덧 흘러 새벽 2시를 넘기고 있었다. 그 순간, 잠깐 졸았다.
'아뿔사!'
나도 모르게 실수하고 말았다. 나는 다급하게 옷을 갈아입고 침구는 비닐에 넣어서 세탁실로 옮겨 놓았다. 그 상황을 조별 친구들은 다들 침묵하고 있었다. 어리둥절한 나는 그때부터 친구들 눈치를 보면서

퇴식 준비를 했다. 같은 조원 친구들은 아무 일도 없었던 거라며 함구해 주기로 했다. 짐을 챙겨 숙소에서 나와 울퉁불퉁한 언덕길을 내려와, 버스가 있는 운동장으로 발걸음을 옮겼다. 행여나 소문이 날까 봐 긴장한 나는 발을 헛디뎌 내려오는 길 볼록하게 올라온 나무뿌리에 걸려 앞으로 고꾸라지고 말았다. 무릎에 흙이 묻고 그 사이로 긁힌 피부에는 피가 흐르기 시작했다. 옆에 있는 친구는 갖고 있던 화장지로 피를 닦아 주고, 날 부축하며 버스가 있는 곳까지 함께 걸어 주었다. 그렇게 조용히 넘겨 주는 친구들로 가득했으면 좋으련만. 그 반면에 알게 모르게 그 실수를 빌미로 압력을 가해 오는 친구가 있었다. 오후 3시쯤 절뚝거리며 집에 도착한 나를 반겨 주는 엄마께 나는 아무 말도 없이 짐을 정리하고 수돗가에서 소변이 묻은 옷을 빨았다.

청소년의 시작인 중학교 생활은 내게 부끄러움이 드러나는 곳이 되었다. 더는 가기 싫은 곳이었다. 어린 시절 내가 학교에서 맞고 다녔던 것도, 단 하룻밤 깜빡 조는 바람에 들통난 야뇨증 사건도, 모두 내게 무서운 압박이 되었다. 같은 조에 있던 친구 중 한 명이 이 일로 계속 나를 협박했다.

"나 이거 사야 하는데, 돈 필요하거든. 네가 대신 사 주면 좋겠다. 그 대신 내가 알고 있는 사실은 다른 친구에게는 말하지 않을게."

한 번이 두 번, 두 번이 세 번이 되어 갔다. 농산물을 팔아서 학교를 보내 주시던 엄마에게 말씀드리지 못하고 이런저런 변명으로 용돈을 타서 친구에게 주는 1학년 생활은 마무리되고, 시간이 흘러 중학교를 졸업했다.

 스무 살의 성인이 되어 작은 시골의 관공서에 일용직 일을 하던 중 모시던 직장 상사분이 나에게 대학교를 권유하셨다. 흥미롭게 다니지 않았던 학창 시절의 성적은 형편없었지만, 나는 수능시험을 보겠노라고 원서를 쓰기 위해 학교에 방문했다. 행정실에서 어이없다는 듯 웃었지만, 나는 학창 시절 관심 밖의 공부를 지금이라도 하리라 마음먹고 독서실에서 출퇴근하면서 공부했다.

 드디어 전문 대학 유아교육과로 진로를 변경하게 된 선택은 유치원 교사로서 시작하는 신분 변화의 첫걸음이 되어 주었다. 어렸을 때 효력 있다는 약을 지어 주시고 마늘을 갈아 먹이시며 무던히 민간요법을 이용해서 딸의 잔병과 야뇨증을 고쳐 주고 싶어 엄마는 고생을 많이 하셨다. 어른이 된 이십 대 중반에 유치원 직장을 다니다가 우연히 비뇨기 병원 진료를 받았다. 의사 소견은 어릴 적 있었던 야뇨증은 방광이 미성숙해 있었기 때문이라고 한다. 그래서 과로하지 말고 잘 쉬고 운동을 꾸준히 하기를 권장했다.

 직장생활을 하다가 한 남자를 만났다. 그는 교회에 다녔고 기타 치며 노래하기를 참 좋아하던 사람이었다. 지역적인 부분 때문에 반대도 있었지만, 난 그 사람과 결혼했다. 그러나 우리에게 아이가 쉽게 생기지 않았다. 산부인과에서 '불임'이라고 했다. 월경도 1년에 한 번만 해서 원활한 호르몬 조절을 위해 두 달에 한 번씩 주사를 맞아야 했다. 서른이 되어, 거침없이 쓴소리를 해 주는 좋은 멘토를 만났다. 3개월 동안 매일 3천 번씩 줄넘기하고, 반신욕과 족욕을 병행하며 체질이 조금씩 바뀌어 갔다. 결혼 4년 만에 마침내 임신이라는 기쁜 소식을 맞이했다. 아이를 뱃속에 담고 있는 10개월 동안 유산기, 조산기를 거쳐서 드디어 출산하는 날이 이르렀다. 내 아이도 나와 같은 아픈 부분이 생길까 봐 걱정되었다. 멘토께서는 간절히 바라고 원하는 것을 하나님께 이야기하고 그분을 선택하고 의지하라고 하셨다.

약하게 살았던 내가 출산은 잘할 수 있을까 하는 모두의 걱정 속에 아기를 출산하기 위해 분만실에 들어갔다. 들어간 지 30분.
"산모, 이제 힘을 줄 거예요. 하나, 둘, 셋, 호흡하면서 출산을 시도할 겁니다."
그렇게 하나, 둘, 셋, 하면서 딸은 건강하게 태어났다. 그 새벽에 멘토님은 산모와 아이 모두 건강한지가 궁금하여 남편에게 전화하셨었다고 한다.

한 생명을 만나는 과정에서 하나님을 믿기로 선택하고 그 길을 걸어가기 위해 했던 것은, 미약하게나마 체질 개선을 위한 작은 선택과 실천이다. 나에게 주어지는 시간은 현재 진행형이 되었다. 어두웠던 과거는 뭔가 들킬까 봐 두려워서 타인에게 아부하고 내가 감당해야 할 일을 비하함으로 중도에 포기하고 실행하지 못했다. 그렇게 살아오던 내가 서른 살 때 만났던 멘토로 인해 인생의 전환을 맞이하게 된다. 아이 엄마가 되는 과정에서 건강이 온전하게 회복되는 큰 축복을 받게 되었다. 임신 중에 방광은 튼튼해졌고 1년에 한 번밖에 하지 않던 월경은 정상화가 되어 매달 찾아왔다. 내 약한 부분을 닮을까 봐 노심초사 걱정했던 아이는 기적처럼 건강하게 잘 성장하여 또 하나의 어른이 되어가고 있다. 가끔 아이에게 말한다.

"나에게 와 줘서 참 고맙다. 네 엄마라서 행복해."

인생 속에 쉼 없이 크고 작은 전환점들을 통해 때로는 좌절도 하고 다시 일어서야 하는 시간은 하나님을 믿는다고 해서 "펑" 하고 없어지지는 않았다. 그럼에도, 매 순간 성공이든 실패든 선택과 실천을 향해서 전진해야 한다.

아이를 출산한 후 작은 농업회사는 나를 꾸준하게 행하는 사람으로 성장시켜 줬다. 회사의 온라인몰을 운영하며 목표를 정하고 전력 질주하는 열정을 만들어 줬고, 회사 경영자로부터 온라인몰 라이브 방송을 꾸준히만 해내라는 제안을 받아 꾸준히 상품을 소개하는 쇼호스트 역할도 할 수 있었다. 처음에는 숨어 있던 자기 비하의 습관으로 인해 기피하고 건너뛰기도 했지만, 회차를 거듭하면서 SNS를 통해 일상을 공유하며 어느덧 해내는 사람으로 변해 가고 있었다.

 멘토님은 말씀해 주셨다. 과거는 내가 어찌 할 수 없지만, 지금은 내가 방향을 바꿔서 다른 삶을 살 수 있노라고. 해내는 사람으로 만들어 가는 과정은 나를 사랑하는 일이었다. 나는 그렇게 오늘도 한 발짝 나아가고 있다.

수신연결 중

2025년 1월 18일. 엄마와 세 번째 수신 차단이다. 엄밀하게 말하면 이번엔 처음이자 마지막으로 엄마가 수신 차단을 했다.

첫 번째는 작년 한여름 밤이었다. 온 가족이 다 함께 저녁 식사를 마치고, 배와 마음의 허기가 채워져 나른해져 있을 때였다. 친정엄마에게 전화가 왔다. 어제 오후에 전화 통화했을 때는 기분이 괜찮으셨다. 그래서 전혀 긴장감 없이 전화를 받았다.
"여보세요? 저녁 먹었나?"
"응. 엄마는?"
"먹었지. 그런데 저번에 왜……"
아, 또 저번이다. 여기서 저번은 재작년 이맘때를 말한다. 어제 일처럼 무한 재생 반복이다.

외가와의 전쟁 이야기이다. 친정엄마는 어느 집 형제들보다 우애가 좋았던 육 남매의 장녀이다. 엄마의 희생만큼 형제간의 우애는 견고하고 단단해 보였다. 무엇보다 형제들은 엄마가 해 온 희생을 귀하게 여겼다. 하지만 세월이 흐르고, 각자의 자리에서 치열한 삶을 살아가다 보니 조금씩 틈이 생기고, 그 틈 사이로 오해가 쌓였다. 그러다 점점 더 소원해지고, 엄마는 많이 슬퍼하고, 아파했다. 다시 마음을 모아 보려고 애쓰는 만큼 어긋나게 되고, 점점 그 사랑이 애증으로 바뀌어 갔다.

재작년 여름, 엄마는 큰외삼촌과 대화하겠다며 외가로 향했다. 하지만 외삼촌은 자리를 피했고, 남은 건 엄마를 말리는 외숙모와 막내 외삼촌뿐이었다. 뜻대로 되지 않자, 엄마는 감정을 주체하지 못하고 울부짖었다. 억측과 원망이 뒤엉킨 말들이 쏟아졌고, 나는 그곳에서 엄마를 구해내고 싶었다. 누구보다 자랑스럽고 멋진 우리 엄마였으니까. 하지만 엄마는 내 손을 뿌리쳤고, 나를 향해 목소리를 높였다. 결국, 나는 또 엄마의 싸움 속 '방해꾼'이 되고 말았다. 이후로도 외가와의 갈등은 계속됐고, 엄마는 싸움이 끝날 때마다 그 감정의 잔재를 내게 쏟아냈다.

그러던 어느 날, 엄마는 내 삶 전체를 부정하기 시작했다. 그렇게 살지 말라고. 진심은 아닐 거라 믿었지만, 무차별적인 말들이 한 시간이 넘도록 쏟아졌다. 전화를 끊고 나서도 두통이 가시지 않았다. 삼킨 말들이 목에 걸려, 나는 결국 엄마가 걸어온 전화도 삼켰다. 난생처음 수신 차단을 눌렀고, 죄책감이 심장에 콕 박혀서 반나절 만에 결국 차단을 해제했다.

추석을 앞두고, 허리디스크로 거동이 불편한 엄마와 살림이 서툰 아버지를 위해 집에 찾아갔다. 바닥을 닦고 먼지를 털고, 몇 번 웃고 몇 번 눈을 피했다. 그리고 그날, 엄마는 말했다.

"엄마가 미안해."

그 한마디에 모든 게 풀렸다. 언제나처럼.

두 번째는 10월 중순, 가을 무렵이었다. 추석쯤 화해한 이후, 엄마가 걸어온 전화는 다시 시도 때도 없이 울려 댔다. 외가와의 갈등, 병든 몸과 마음, 그리고 갱년기가 한꺼번에 덮치며 엄마는 감정의 기복이 심해졌다. 매번 통화를 끝내고 나면 공허함과 무력감이 몰려왔고, 나도 따라 울고 싶었다.

스마트폰 화면에 '우리 엄마'라는 이름만 떠도 심장이 덜컥 내려앉았다. 어제는 아버지를 향한 원망과 끝없는 신세 한탄이 폭풍처럼 몰아쳤다. 들숨과 날숨으로 나를 다독이며 전화를 받았다.

"여보세요? 점심은 먹었나?"

오늘은 목소리가 밝아 가슴을 쓸어내렸다. 휴, 살았다.

엄마의 전화 한 통에 일희일비(一喜一悲)하며 나는 점점 시들어 갔다. 시간이 갈수록 엄마는 고립감과 불안을 견디지 못하고, 나를 붙잡으려 했다. 통화가 길어지는 날이면 내 우울감이 가족들에게 번졌고, 나는 지쳐 갔다. 결국, 수신인 이름을 '친애하는 박 여사'로 바꾸고, 엄마와 통화 중엔 심호흡과 시 필사로 마음을 버텼다. 하지만 시간이 갈수록 몸이 먼저 내게 SOS 신호를 보냈다. 머리가 깨질 듯 아프고, 심장은 조여 왔으며, 귓가엔 이상한 소리가 윙윙 맴돌았다.

두 번째 수신 차단을 강행했다. 삼 년 넘게 반복된 상황이었다. 더는 견딜 수가 없었다. 그렇게 긴 겨울이 시작됐다. 후폭풍은 거셌다. 남편, 특히 남동생이 나 대신 엄마가 쏟아내는 감정을 받아야 했다. 가족은 나를 이해하고 기다려 줬다. 무뚝뚝한 아버지마저. 덕분에 숨은 조금 쉬어졌다. 하지만 엄마는 점점 선을 넘었다. 아이들 앞에서 내 험담을 했고, 아픈 몸으로 장거리 운전을 해 우리 집까지 찾아왔다. 나를 보고 싶어서라기보다, 외로움과 불안을 견디지 못해 누군가에게 닿고 싶었던 것 같다. 대구에서 경주까지 왕복 두 시간 거리를 다섯 시간이나 걸려 운전해 와서는 결국 만나지도 않은 채 돌아갔다. 그 길은 엄마에게 절박함이었겠지만, 내 마음은 더 멀어져만 갔다.

12월 중순, 어쩔 수 없이 수신 차단을 해제했다. 하지만 통화는 하지 않았다. 며칠 뒤, 철옹성 같던 친정엄마가 먼저 화해의 손을 내밀었다. 남편에게 밥 한 끼 먹자고 연락이 왔다. 남편은 장모님이 예전처럼 다정한 목소리였다고 기뻐했다. 1월 1일, 동생네와 함께 친정에 모였다.

누워 계실 줄 알았는데, 주방에서 뭔가를 열심히 찾고 계셨다. 나는 여전히 가슴에 박힌 상처들로 무뚝뚝하게 인사했다.

"혜정아, 엄마가 미안해. 니한테 내가 그러면 안 되는데. 엄마가 정말 미안해."

"응."

동생네도 있고, 아이들도 있어서 아무 일 없는 듯 식당으로 향했다. 엄마가 제일 좋아하는 돼지갈비였다. 큰아이가 엄마를 부축했고, 남편이 고기를 구워 드렸다. 나는 멀찍이 떨어져 엄마를 바라봤다. 마음의 간극만큼이나 거리를 두고. 그날따라 돼지갈비도 잘 드시고, 소주도 많이 마셨다. 그게 우리가 함께한 마지막 식사였다.

바로 다음 날, 엄마에게 전화가 왔다. 수신 차단을 해제한 뒤 처음이었다.

"혜정아, 엄마가 진짜 미안해. 용서해 줘."

"어."

"맨날 바쁘다고 친구들이 만나자고 해도 안 만났는데…… 어디 털어놓을 데가 없더라. 엄마 좀 용서해 줘라."

"응."

"엄마가 작년에 명(命)이 다했는데, 그걸 이으려고 그 난리를 쳤단다."

선뜻 마음이 움직이진 않았지만, 자꾸 '용서'라는 말을 반복하는 엄마가 안쓰러워 다 풀렸다고 말했다. 솔직히, 내 마음 편해지자고 한 말이다. 오랜만의 엄마와의 전화 통화는 금방 끝날 듯했지만 한 시간이나 계속 이어졌고, 다시 예전으로 돌아간 듯했다. 그 전화가 마지막이 될 줄은 차마 몰랐다. 얼마나 다행인지 모르겠다. 엄마와의 마지막 통화가 화해라서.

엄마의 장례식을 치른 지 두 달이 지났다. 지난주, 나는 엄마의 휴대 전화를 해지했다. 그것은 나의 세 번째 수신 차단이자, 마지막이었다. 나는 엄마에게서 때로는 연인처럼, 때로는 친구처럼 무조건적인 사랑을 받았다고 믿는다. 하지만 적절한 시기에 딸로부터 독립하지 못한 엄마 마음은 오랜 시간 나를 지치게 하고 아프게 했다.

지금 돌아보면, 엄마와의 두 번의 수신 차단도, 마지막 식사와 전화 통화도, 결국은 엄마의 나를 위한 마지막 배려였던 것 같다. 엄마는 끝까지 나를 붙잡고 있다가, 이제야 나를 잘 보내 주려 했던 게 아닐까. 그렇게, 우리는 서로에게서 비로소 독립하게 되었다. 지금도 엄마의 휴대 전화 배경 화면에는 내가 활짝 웃고 있다.

이제부터야말로, 우리는 진짜 수신연결 중이다.

내 꿈은 욕쟁이 할매

나는 꿈 많은 갱년기다. 아직도 하고 싶은 것이 많다. 그중에서 몇 년 전부터 지인들에게 원대한 꿈 하나를 선언했다. 바로, 욕쟁이 할매다. 다들 어림도 없다며 우스갯소리로 넘겼다. 사춘기 보물 2호는 욕은 나쁜 거라며 절대 그 꿈은 안 된다고 했다. 하지만 나는 진심이다. 반드시 이루고 말 테다.

여기서 말하는 '욕쟁이 할매'는 막말을 퍼붓는 사람은 아니다. 꼭 필요한 말은 솔직하게, 듣기 좋게 꾸미지 않아도 따뜻하게 마음을 전할 줄 아는, 그런 할매가 되고 싶은 거다. 사랑하는 사람에게 쓴소리도 해줄 수 있는 용기 있는 어른. 나는 그런 사람이 되고 싶다.

어릴 때는 착한 아이 콤플렉스 때문에 싫어도 싫다고 말하지 못했다. 청소년기에는 친구들에게 사랑받고 싶어서 내 할 일도 다 못 해내면서 오지랖을 떨었다. 어른이 되어도 하고 싶은 걸 다 할 수 없다는 건 일찍 깨달았다. 24시간 몸이 열 개라도 모자란 엄마를 보면서. 엄마는 일개

미처럼 바닥만 내려다보고, 미싱을 밟았다. 사람 좋아하고, 흥이 많은 사람이 얼마나 고단했을까.

　무엇보다 그런 엄마를 존중하지도, 아껴 주지도 않는 아빠를 보면서 내 꿈은 크게 흔들렸다. 이루고 싶은 여러 가지 꿈 중에서 현모양처와 친구 같은 엄마를 동시에 포기했다. 엄마처럼 살고 싶지는 않았으니까.

　그래도 열심히 살아가는 부모님을 보면서 내가 노력한다면 꿈꾸는 일 몇 가지는 이룰 수 있지 않을까 생각했다. 물론 현실은 만만치 않았다. 내 꿈은 나만의 꿈이 될 수 없다. 꿈 많은 소녀는 여러 가지 꿈 중 하나는 고생하시는 엄마의 꿈이 되어 드리고 싶었다. 내 꿈은 선생님. 국민학교 중퇴인 엄마가 좋아하는 선생님이다. 내 꿈을 이야기할 때마다 엄마는 미싱 밟던 발을 멈추고, 구부정한 등을 세우며, 고개를 들고, 활짝 웃었다. 엄마가 하늘의 별처럼 반짝거렸다. 엄마의 자랑이 되고 싶었다. 예술가를 동경하던 꿈 많은 여고생은 작가, 뮤지컬 배우라는 꿈을 뱉지 못하고, 가슴속 깊이 꿈을 삼켰다. 인생 그래프 중 제일 끝으로 밀어 두었다. 그리고 성적과 적당히 타협해서 유아교육과에 진학했다. 밥벌이할 때는 "선생님"이라는 사명감에 걸맞은 말과 행동을 하느라 용을 썼다. 하고 싶은 말은 삼키고, 아이들과 부모님이 듣고 싶어 하는 말을 하는 데 열중했다. 결혼을 하고 두 아이의 엄마가 되고 나서는 집에서 24시간 내내 안간힘을 썼다. 이불공장에서 미싱을 밟으며 24시간 바삐 움직이던 엄마처럼. 기준도 명확하지 않고, 정답도 없는 '좋은 엄마' 이름표를 지켜내기 위해 나 스스로 다그쳤다.

2016년 7월, 어느 금요일 늦은 밤이었다. 육아 퇴근을 하고 오랜만에 혼자서 느긋하게 소파에 누워 TV 채널을 돌렸다.
'앗, 자이언티다.'
TV 출연은 잘 하지 않기로 유명한 가수이기에 반가운 마음으로 TV 브라운관 코앞에서 시청했다. 자이언티는 Mnet의 힙합 서바이벌 〈쇼미더머니 5〉라는 프로그램에 프로듀서로 나왔다. 잠시 후, '괴물 래퍼'라고 불리는 비와이가 등장했다. 수준급 피아노 연주로 무대의 막이 열렸다. 건반 위로 손가락이 자유롭게 날아다닐 때마다 내 마음도 함께 열렸다. 비와이의 'Day Day'. 랩 하나하나가 심장에 그대로 꽂혔다. 온몸에 소름과 전율이 번졌다. 자신만의 음색으로 탄탄하게 탑을 쌓아 올렸다. 그리고 신에 대한 믿음을 이야기했다. 보통 돈, 자기 자랑, 디스 랩이 난무하는 힙합 세계에서 신선한 충격이었다. 자기 신념을 당당하게 이야기할 수 있다는 게 매력적으로 느껴졌다. 나도 좋아하고 사랑하는 것을 당당하게 이야기하고 싶어졌다.

작년 무더운 여름, 남편과 함께 경주 화백 컨벤션센터를 찾았다. SNS를 통해 알게 된 개그콘서트 소통 왕 '말자 할매쇼'를 관람하기 위해서다. 공연 전 후원사 홍보 시간을 포함하고 있어서 성인 대상이지만 무료 공연이다. 말자할매인 개그우먼 김영희가 등장할 때부터 남편과 나는 깔깔깔 웃기 시작했다. 한 시간 넘게 쉬지 않고 웃어 댔다. 입꼬리와 턱이 얼얼했다. 몇 년 만인지 모르겠다. 이렇게 웃어 댄 게. 아이들이 사춘기에 접어들면서부터는 기억이 없다. 우리뿐만이 아니었다. 어른들이 아이처럼 해맑다. 너무 웃어서 우는 사람들도 있었다. 넓은 강연장 안이 웃음소리로 가득 찼다. 행복으로 따뜻하게 데워졌다.

'아, 내가 꿈꾸던 욕쟁이 할매의 모습이다.'

막무가내 큰 소리를 내는 것 같지만 사연자의 고민에 깊이 경청한다. 통쾌! 상쾌! 유쾌! 명쾌하게 고민을 해결해 주었다. 하지만 욕쟁이 할매가 제안하는 해결책은 특별한 게 없다. 삶은 그냥 살아 내는 것이라고 말한다. 너무 애쓰지 말라고. 재밌게 잘 지내라고 말한다. 우리 모두 한바탕 신나게 잘 놀았다.

'말자 할매쇼'를 보고, 그날 저녁 산책하는데 남편이 먼저 얘기를 꺼냈다.

"난 오늘 마지막 사연 얘기할 때 들려줬던 이야기가 가장 인상 깊었어."
"뭐였더라?"
"육아는 도와달라고 하는 게 아니라 함께 하자고 말해야 하는 거라고."
"오! 자기 너무 괜찮은 남편인데. 그건 보통 여자들이 감동하는 건데."

현모양처의 꿈은 이미 오래전에 지웠고, 친구 같은 엄마는 사춘기 딸과 매일 친구처럼 싸우는 것으로 타협했다. 하지만 대화가 잘 통하는 배우자를 만나고 싶다는 꿈은 감사하게도 이뤘다. 나름 아주 괜찮은 인생 아닌가.

그날, '말자 할매쇼'를 보고 난 뒤 오래 묻어 두었던 내 꿈 하나가 다시 살아났다. 하고 싶은 말을 눈치 보지 않고, 내 목소리로 세상에 말할 수 있는 사람, 진심을 유쾌하게, 위로를 따뜻하게 전하는 사람. 나는 그렇게, 말 잘하는 '욕쟁이 할매'가 되고 싶다.

그래서 나는 오늘도 나만의 할매 연습을 한다. 삶이 내게 던지는 이야기들 앞에서 말하고, 듣고, 웃으면서. 때로는 조금 느리게, 때로는 조금 더 깊이.

그날, 경주역

 부슬부슬 봄비처럼 눈이 내리던 어느 3월, 경주문화관 1918 옆 카페에 앉아 있었다. 시니어 할머니들이 정성껏 내어 주신 팥물 찐빵과 팥빙수를 앞에 두고, 창밖 풍경을 바라보다 문득 스며드는 쓸쓸함에 눈물이 났다.

 경주역이 폐역되고 복합문화공간으로 다시 태어난 이곳. 잊힌 시간과 새로운 이야기가 함께 숨 쉬는 곳이다. 그런 경주에서, 나는 마음 깊은 곳에 숨어 있던 오래된 상상 하나를 조심스레 꺼내 보았다.

 이야기는 그렇게 시작되었다.
 아주 조용한 봄비처럼. 새벽이 밝았다. 엄마가 우리 곁을 떠나고, 다시 돌아올 때와 같은 그 시각이다. 너무 고요해서 시간이 멈춘 듯하다. 숨쉬기가 어렵다. 내 보잘것없는 한숨이 이 고요를 깨뜨릴까 봐. 차가운 새벽 공기가 흐릿해지는 내 의식을 다그친다. 머뭇거리는 마음의 걸음을 재촉한다. 자꾸 눈물이 새어 나온다. 슬프지도 않은데……. 왜?

10년 전 엄마가 우리를 버리고 떠나던 그날도 이렇게 서성거렸지. 경주역 앞에서. 그때 엄마의 얼굴에는 눈물이 폭포수처럼 흘러내리고, 얼굴 전체가 지진이 난 듯 일그러지고 흔들렸다. 밤새 술주정뱅이 아빠에게 맞아 부어오른 입술은 검붉게 핀 꽃 같았다. 그 모습을 대기실 안 의자에 앉아 젖은 종이처럼 축 늘어진 채 지켜보았다. 엄마와 똑같은 얼굴을 하고. 그날 엄마에게 남동생과 나는 쓰레기처럼 버려졌다. 그래도 엄마가 떠나는 것이 낫다고 아니 옳다고 생각했다. 이러다가 엄마가 아빠한테 맞아 죽을지도 모른다고 생각했으니까.

아빠가 갑작스러운 사고로 죽고 나서 우리 곁에 돌아온 지 3년 만이다. 엄마가 다시 돌아와서 정말 기뻤다. 엄마가 우리 곁을 떠난 것도, 다시 돌아온 것도, 너무 이해했다. 아빠가 많이 잘못했으니까. 하지만 자꾸 내 마음이 엄마를 밀쳐냈다.
'왜 우릴 함께 데려가지 않았을까?'
엄마가 떠나고 나서 10년 내내 그 물음표를 던졌다. 하지만 정작 엄마가 돌아왔을 때는 물어보지 못했다. 그 대답마저 이해만 된다면 상처로 남을 테니까. 물론 아빠가 저지른 폭력은 우리에게까지는 미치지는 않았으나, 철저한 무관심과 방관으로 마음이 병들었다. 이 세상 그 무엇도 우릴 지켜 주지 못했으니까.

우리 곁에 돌아온 엄마는 우리에게 최선을 다했다. 엄마 노릇을 한다기보다는 빚쟁이에게 쫓기는 사람 같았다. 마치 다섯 살 아이를 키우듯이 하나에서 열까지 다 챙겨 주려고 애썼다. 하지만 이제 우린 그런 보살핌이 필요 없는 나이가 되었고, 그런 경험이 없어서 너무 낯설고, 어색했다. 엄마라는 존재도.

  엄마가 어제 아침에 죽었다. 병명은 췌장암이다. 엄마가 쓰러지고, 응급실에서 눈을 감고서야 알게 되었다. 엄마의 죽음을 아무에게도 알리지 않았다. 엄마는 휴대 전화도 없었고, 마땅히 알릴 곳도 떠오르지 않았다. 엄마에 대해 아는 것이 전혀 없었다. 남동생과 단둘이서 그 자리를 지켰다.

  어젯밤, 함께 화장할 엄마의 물건을 챙기러 집에 들렀다. 그때, 엄마의 낡은 캐리어 가방이 한눈에 들어왔다. 우리 곁을 떠날 때도, 다시 돌아올 때도 엄마 손을 꼭 잡고 있던 주황색 캐리어 가방. 밤새 한숨도 자지 않고 그 가방을 쌌다. 떠나고 싶었던 내 오래된 마음을, 눌러 삼킨 말들과 지우고 싶은 기억들과 함께 조심스레 접어 넣었다.

  그리고 지금, 동이 트는 경주역 앞에서 그날처럼 서성이고 있다. 엄마가 떠났던 그 자리에서.
  '엄마는 나를 정말 사랑했을까?'
  '한 번쯤은 안아 주고 싶었겠지.'

'그래, 아마도.'

이제 미움도, 그리움도 미련 없이 떠나보내고 싶다.

내 마음도, 이 낡은 가방에 실어 보내고 싶다.

나는 어디로 가야 할까?

이제 종착점을 찍고 싶다.

내 두 번째 첫사랑

'첫사랑은 이루어지지 않는다.'
이 말이 다시 사무치게 다가올 줄 몰랐다, 내 나이 마흔아홉에.

 나는 사랑 없이 살 수 없는 사람
 부모님이 주신 지극한 사랑
 사랑하는 이와의 뜨거운 열애
 다정한 우정

 그 모든 사랑이
 나를 살게 한다

사랑을 생각하며 끄적여 본 내 시이다.
30년 넘게 사랑을 주고받으며 자라고, 여전히 그렇게 살아간다. 하지만 결혼해서 두 아이를 낳고 기르면서 만나게 된 새로운 사랑은, 지금까지와는 전혀 달랐다. 이토록 미치게 행복했다가 가슴 찢어지게 힘겨울 줄을 미처 몰랐다. 내 두 번째 첫사랑이여.

첫아이를 만나고 온종일 품에 안고만 있어도 행복한 시절을 보냈다. 낮과 밤이 바뀌어 잠이 부족해도, 쑥쑥 자라는 만큼 어깨와 허리에서 오는 통증이 커져도, 아이가 보내는 환한 미소에 모든 그림자가 사라졌다. 온종일 웃음이 새어 나왔다. 아이의 맑고 투명한 눈은 24시간 나를 쫓아다녔고, 앵두 같은 입술은 잠들기 전 입맞춤하기 전까지 내달렸다. 가슴 뛰도록 행복했다.

2016년 9월 12일, 경주지진이 우리 집을 강하게 흔들었다. 처음 겪는 천재지변 앞에서 아이들은 공포에 떨었다. 계속되는 여진으로 잠을 이루지 못했다. 나도 두렵기는 마찬가지였다. 무엇보다 지진에 사랑하는 아이들을 지키지 못할까 봐 무서웠다. 잠 못 드는 아이들에게 씩씩하게 말했다. 그리고 나에게.
"걱정하지 마, 하늘이 무너져도 엄마가 꼭 지켜 줄 거야."
처음으로 내 목숨과 바꿔도 좋다고 생각했다.

2024년 3월, 급성 뇌졸중이 남편을 습격했다. 갑자기 말이 어눌해지고, 오른팔에 힘이 빠졌다. 뇌졸중 집중치료실에 입원을 시키고, 집으로 돌아왔다.
"얘들아, 많이 놀랐지?"

보물 1호는 아빠가 하반신 마비가 되는 건 아닐지, 보물 2호는 친할아버지처럼 갑자기 하늘나라로 떠나는 건 아닌지 걱정했다고 말했다. 순간 머리가 새하얘졌다. 가슴이 무너져 내렸다. 아이들의 눈가에 그렁그렁 차오르는 눈물을 보고, 가만히 감싸안았다.
"그래, 걱정했겠다."
"서로 힘들까 봐 말은 안 하지만 너희들이 애쓰는 게 보여."
"너희들한테 정말 고마워."

차분히 아이들 잠자리를 살피고 큰 방에 혼자 들어와서 문을 닫는데 눈물이 쏟아졌다. 왈칵. 불을 끄고 재빨리 침대에 몸을 뉘었다. 이불을 머리끝까지 뒤집어썼다. 흐느끼는 소리가 방문 틈을 새어 나가지 않게. 한참을 숨죽여 울다가 생각했다. 남편의 병원 치료가 길어지게 된다면 나는 당장 일하러 나가야겠다고 결심했다.

두 번째 첫사랑, 아이를 향한 내 사랑은 언제나 나를 다시 일으켜 세워 주었다. 혼자였다면 부서지고, 사라졌을지도 모른다. 하지만 그 사랑 덕분에 나는 매번 불가능조차 가능하다고 믿으며 버텼고, 결국은 다시 일어섰다. 함께여서 즐거웠고, 뭐든 줄 수 있어서 행복했다. 그 사랑이, 나를 단단하게 만들었다.

이제 그 사랑이 내 곁을 떠나려고 한다. 사랑하지만 떠나고 싶다고 한다. 보물 1호의 중학교 입학을 앞두고 믿을 만한 역사 탐방 선생님과 함께 11박 12일 유럽 배낭여행을 보냈다. 넓은 세상을 보여 주고 싶었다. 내 버킷리스트이기도 한 유럽 배낭여행을 보내기 위해 빠듯한 살림살이지만 몇 년 동안 저축을 했다. 나는 살면서 참고 포기한 것들이 많았다. 아이들은 그러지 않기를 바라는 마음으로. 넓은 세상을 보고 온 아이는 다시 떠나고 싶어 했다. 무척 기쁘고도 슬펐다. 아이의 발목을 잡는 파도가 되고 싶지 않아 쿨하게 미소를 지어 보였다.

 2025년 3월 3일. 내 맘처럼 흙탕물 같은 하늘은 거센 비바람까지 보내왔다. 비바람에 자꾸 눈물이 흘렀다. 보물 1호는 고등학교 입학과 동시에 기숙사로 독립했다. 중학교 1학년 때부터 노래를 부르던 독립이다. 검정 트렁크 한 개와 커다란 배낭을 메고, 기숙사로 향하는 발걸음은 마치 새가 펄럭이며 날아오르는 날갯짓 같았다. 기숙사에 들어가기 전, 마지막으로 보물 1호와 가볍게 포옹했다. 내 등을 가볍게 토닥토닥 두드리고 말없이 돌아섰다. 거센 바람에 자꾸 눈이 시렸다.
"엄마, 괜찮아? 울어?"
보물 2호가 애처로이 불렀다.
"아냐, 바람 때문에."
"정말?"
"근데 너는 고등학생 되면 멀리 가지 마."
"걱정하지 마. 나는 엄마, 아빠 옆에 꼭 붙어 있을 거야."

집으로 돌아온 그 날밤, 보물 1호의 손때 묻은 낡은 책장 한 모퉁이에서 한참을 서성거렸다. 삐걱거리는 허리를 숙여 책장 제일 아래 칸으로 손을 뻗었다. 깔끔하게 정리 정돈이 잘 되어 있는 책들 사이를 어지럽게 더듬거려 본다. 성장앨범, 독서 포트폴리오, 바이올린 악보집, 한자 급수 증과 상장. 어린 보물 1호와 함께했던 추억들이 몽글몽글 피어오른다. 그 시절이 뭉클 와 닿았다. 이내 손을 거둔다. 차마 꺼내 볼 수 없었다. 갑자기 왈칵, 그리움이 쏟아질 것만 같았다. 황급히 보물 1호의 방문을 닫고 거실로 나왔다.

이제 각자의 세계를 존중하고, 응원해야지.
나의 두 번째 첫사랑도, 이젠 안녕.

말 없는 사랑

"아빠, 만 원만 주세요."

조심스럽게 큰 방문을 열고 들어가며, 나는 들릴 듯 말 듯한 작은 목소리로 말했다. 아버지는 내 얼굴을 몇 초간 응시했다. 나는 아버지의 시선을 마주하지 못하고 그저 고개를 숙인 채 서 있었다. 아버지 표정은 마치 '용돈 준 지가 언제인데 또 돈을 달라는 거냐?'는 듯했지만, 이내 말없이 서랍에서 만 원짜리 한 장을 꺼내 내게 건네주었다. 왜 필요한지, 얼마나 필요한지, 더 필요하진 않은지, 아무것도 묻지 않은 채 말이다.

20대의 한창 연애에 바빴던 시절, 내 주머니는 늘 비어 있었다. 데이트는 가야 하고, 주머니엔 돈이 없고, 그날따라 집에는 나와 아버지 둘뿐이었다. 아버지는 웃으며 먼저 용돈을 챙겨 주는 법이 없었다. 빚 있는 사람이 돈을 빌리는 심정처럼 아버지께 돈을 달라는 게 죽기보다 싫었다.

아버지는 평소에도 말씀이 없으셨다. 경상도 사나이라지만, 그 어떤 누구보다도 과묵한 분이셨다. 그 덕분에 아버지는 점잖은 사람으로 소문이 자자했지만, 우리는 그런 아버지가 늘 어려웠다. 평소에도 우리에게 먼저 다정하게 말을 걸어 주는 일이 없으셨기에, 시간이 지날수록 아버지와 나의 대화는 점점 줄어들었다. 결국 모든 대화는 엄마를 통해서만 이루어졌다.

그런 아버지가 3년 전 폐암 선고를 받으셨다. 수술조차 불가능한 위치에 자리 잡은 암세포는 손쓸 방법이 없어, 약으로 고통을 덜어 드릴 수밖에 없었다. 암은 간에도 퍼져 버렸고, 간암 수술로 아버지의 배에는 커다랗게 'ㄴ' 자 모양의 수술 자국이 남았다. 아버지는 겉으로는 잘 견디시는 듯 보였지만, 작년 겨울부터 급격히 쇠약해지셨다. 운동조차 할 수 없을 만큼 숨이 차오르자, 몸은 더욱 약해졌고, 결국 다시 병원으로 돌아가야만 했다. 그렇게 아버지는 추운 겨울부터 따스한 봄까지 병원 생활을 이어 갔다. 언제나 여장부 같은 엄마가 아버지 곁을 지켜 주고 있고, 우리 세 남매는 누가 시키지도 않았지만 번갈아 가며 병원을 찾았다.

같은 병실에 있는 환자들과도 단 한마디 대화를 나누지 않았다. 엄마와만 가끔 짧은 대화를 나눌 뿐이었다. 간호사에게 직접 무언가를 요청하신 적도 단 한 번도 없었다. 어머니가 병실을 비운 어느 날 밤 통증이 심했음에도 아버지는 호출 버튼 한 번 누르지 않은 채 밤새 고통을 견뎌 내셨다고 한다. 결국, 아버지의 신음을 듣던 같은 병실의 환자가 간호사를 불러 "저 아저씨, 엄청 아픈 것 같아요. 진통제 좀 놔 주세요."라며 전해 주었다고 한다. 아픈 것도 아프다고 말하지 못하는 아버지. 그런 아버지를 꼭 닮은 사람이 바로 나다. 나 역시 아버지처럼 말이 없다.

어느 날, 엄마로부터 아버지가 위독하시다는 소식을 듣고 일정을 다 취소하고 병원으로 달려갔다. 병실에 계셔야 할 아버지는 드라마에서나 보던 수많은 의료 장비가 가득한 곳에 누워 계셨다. 심장 박동수를 알리는 모니터가 규칙적으로 '삑, 삐' 소리를 내며 울렸고, 그 기계음이 귀를 파고들어 마구 괴롭혔다. 아버지가 누워 계신 방은 간호사실 옆의 독방이었다. 그곳은 '코드블루'가 뜨면 가장 먼저 달려가는 방, 그리고 그 방은 한번 들어가면 다시 걸어 나오지 못할 수도 있는 방이라고 들었다. 그 문으로 들어가면 마치 이별의 문턱을 넘어서는 듯해 선뜻 들어설 용기가 나지 않았다. 힘겹게 들어서자, 아버지는 거친 숨만 몰아쉬고 계셨다. 그런 아버지의 모습을 보면서 나는 한마디도 할 수가 없었다.

'아버지, 큰딸 왔어요. 어서 나아서 집으로 가야죠. 아버지 힘내세요.'

아버지를 향해 이렇게 말해 주고 싶었지만, 수많은 말들은 입안에서

만 맴돌 뿐 다시 삼켜지고 말았다. 한 손으로 근육이 다 빠져 말라 버린 아버지 다리만 문지르고 있는 내가 싫었다. 말 없는 아버지가 때로는 원망스러웠지만, 결국 나도 아버지를 닮아 가는 것이었다.

 침대에 힘없이 누워 가쁜 숨을 몰아쉬는 아버지를 보다, 문득 터져 나온 눈물을 주체할 수 없었다. 터져 나오는 눈물을 들키지 않으려 몇 번이나 화장실로 향하는 척 병실 문을 나섰다. 한참을 복도에 서서 눈물을 훔쳤지만, 마음속 슬픔은 잦아들지 않았다. 며칠 전 엄마에게서 들은 이야기가 자꾸 귓가를 맴돌았다. 아버지는 이런저런 통장에 돈이 있다고 엄마에게 알려 주셨단다.
 "이 정도면 니 혼자서도 잘 살 수 있겠제?"
 엄마에게 실없는 말씀을 던지시고는 처음으로 눈물을 보이셨다고 했다. 엄마는 아버지의 손을 꼭 쥐며 말했다고 한다.
 "영아 아빠, 나 무서움 잘 타는 거 알제? 나는 혼자 못 산다. 쓸데없는 말 하지 말고 얼른 나아서 집에 갑시다."
 그 이야기를 듣는 순간 나는 멈추지 않는 눈물을 쏟아냈다.
 '아버지는 정말 떠날 준비를 하시는 걸까?'
 마음 깊숙이 밀려드는 불안과 슬픔이 나를 짓눌렀다.

 아버지가 계신 곳은 간병인이 필요 없는 통합병동이었다. 엄마는 그곳의 딱딱한 간이침대 위에서 사십 일째 하루도 빠짐없이 먹고 자

말 없는 사랑

며 아버지를 곁에서 지키셨다. 병원과 집을 오가는 데만 세 시간이 걸렸지만, 엄마는 아버지가 좋아하던 음식을 손수 만들어 날랐다. 그리고 병실의 요양 보호사들을 유심히 관찰하며, 그들의 손길 하나하나를 배우려고 애썼다. 더 나은 간호를 위해, 더 나은 보살핌을 위해 노력했다.

 햇살도 볼 수 없는 사방이 막힌 구석 침대에서 엄마의 작은 뒷모습은 기도하듯 아버지 곁을 지키고 있었다. 사랑은 이렇게 묵묵히, 때로는 눈물로, 때로는 한숨으로 몸을 던지는 일이란 걸 나는 엄마를 통해 배웠다. 언제나 엄마와 함께 있어야 했던 아버지는 엄마가 잠시라도 자리를 비우면 입을 닫고, 깊은 침묵 속으로 스며들곤 했다. 마치 엄마만이 아버지와 세상을 이어 주는 다리인 듯했다. 그 모습을 지켜볼 때마다, 지친 엄마를 생각하면 이 고통스러운 시간이 하루라도 빨리 끝나길 바라는 못된 마음이 슬며시 올라왔다. 그러나 아버지의 얼굴을 마주하는 순간, 그 소망은 모래성처럼 무너졌다. 아직은 보내 드릴 수 없다는 마음이, 아직은 이별할 수 없다는 간절함이 가슴을 꽉 채웠다. 두 마음이 내 안에서 엇갈리며, 나를 조용히 할퀴었다. 끝없이 요동치는 감정의 파도 속에서 나는 그저 아버지의 거친 숨소리와 엄마의 지친 뒷모습을 바라보는 일밖에 할 수 없었다.

 돌이켜 보면, 아버지는 말로 사랑을 전하진 않으셨지만, 늘 행동으로 그 마음을 보여 주셨다. 입학식, 졸업식, 운동회 같은 학교 행사마다 단 한 번도 빠지지 않고 내 곁을 지키셨다. 그때도 여전히 말은 없었지만, 오래된 사진 속 내 옆에는 늘 아버지의 모습이 함께 남아 있다. 생각해 보니 나 역시 아버지께 진심을 담아 말을 건넨 적이 없었다. 따뜻한 표현도, 감사의 마음도 전하지 못했다. 어린 마음에 사랑도 표현하지 않고 용돈 한 번 넉넉히 주지 못하는 그런 아버지가 서운하고 미웠다. 그러나 시간이 지나고 나서야 깨달았다. 그 말 없는 그림자 같은 존재가 얼마나 든든했는지를, 늘 말없이, 그러나 변함없이 우리 곁을 지켜 주셨던 아버지였다는 것을. 말이 없어도, 오래오래 내 곁에 그렇게 머물러 주시길 바랐다.

내 작은 바람은, 이 책이 세상에 나오면 아버지께 직접 건네 드리는 것이었다. 하지만 아버지는 내가 글을 다듬는 사이, 말없이 먼 길을 떠나셨다. 남겨진 원고 앞에 앉아 나는 내 글의 결말을 다시 써 내려가야 했다. 전하지 못한 마음을 글에 담아 보려 했지만 결국 말로도 글로도 다 담을 수 없었다. 그래도 나는 믿는다. 무엇이든 해 보려 애쓰는 큰딸을 지켜보시며, 아버지는 미소 지으실 거라고.
"아버지가 해 준 게 없는데도 스스로 길을 만들어 가는 내 딸, 참 장하다."
이렇게 말하고 계실 거라고 믿는다.

말 없는 사랑

아버지, 저 하늘에서 엄마와 우리 세 남매 지켜보고 계시죠? 우리를 위해 걸어온 그 긴 시간. 정말 고생 많으셨어요. 남은 우리 가족, 늘 곁에서 응원해 주세요.

사랑합니다.

할머니를 지켜 준 삼식이

"할머니, 할머니, 삼식이 못 봤어요?"

다급하게 할머니 방으로 달려가, 다짜고짜 삼식이를 찾으며 물었다. 할머니는 초점 없는 눈빛으로 나를 멍하니 바라보셨다. 알츠하이머와 치매로 인해 정신이 온전한 상태가 아니라는 것을 잠시 잊고 있었다.

아침에 눈을 뜨자마자 삼식이가 보이지 않는다는 사실에 당황했다. 삼식이는 대학교 4학년 때 자취를 시작하면서 기르게 된 미니핀과 잡종견 사이에서 태어난 작고 귀여운 강아지였다. 윤기가 흐르는 검은 털을 가진 아기 강아지가 내 마음을 단번에 사로잡았다. 그때부터 부모님께 강아지를 키우자고 졸라 대기 시작했다.

이미 집에는 '아지'라는 강아지가 있었기 때문에 부모님은 두 마리 키우는 것을 반대하셨다. 그 당시 나는 대학교 일 년을 쉬고 다시 복학해야 하는 상황이었다. 복학과 함께 자취하기로 한터라 부모님을 설득해

결국 삼식이를 자취방으로 데려갈 수 있게 되었다. 이름을 무엇으로 지을지 고민하던 중, 친근감이 느껴지는 이름 '삼식이'로 결정했다. 삼식이는 나와 함께 자취 생활을 하며 강의실에서도 함께 수업을 듣고, 피시방에서 게임을 즐기며, 지금의 남편과의 데이트에도 동행했다. 그렇게 삼식이는 내 대학 생활 마지막까지 함께하며 건강하게 집으로 돌아왔다.

그러던 어느 날, 삼식이가 갑자기 사라졌다. 그날따라 늘 닫혀 있던 대문이 열려 있었다. 불길한 예감이 스쳤지만, '아니겠지, 아니겠지'라며 나 자신을 다독이며 집 안 곳곳을 뒤지기 시작했다.

"삼식아! 삼식아!"

큰 소리로 부르며 온 집안을 샅샅이 찾아보았지만, 삼식이는 어디에도 없었다. 혹시나 밖으로 나갔을까 싶어 동네 골목골목을 뛰어다니며 주변 상점마다 들어가 물었다.

"검정 강아지 못 보셨나요?"

땀으로 온몸이 젖고 얼굴이 붉게 달아오른 채 한 가게에 들어섰다.

"아저씨, 혹시 이만한 검정 강아지 못 보셨어요?"

잠시 생각하던 아저씨는 답하셨다.

"아, 그 검정 개? 오늘 아침 교통사고 나서 도로에서 죽어 있던 걸 청소차가 치웠어."

순간 내 귀를 의심했다.

'삼식이가……. 죽었다고?'

눈물이 왈칵 쏟아졌다. 슬퍼할 겨를도 없이 눈물은 계속 흘렀고, 나는 그 자리에서 통곡하고 말았다.

치매 증상이 있던 할머니는 홀로 집을 나가 길을 잃고 경찰서에서 연락이 오는 일이 종종 있었다. 우리 가족은 할머니가 밖으로 나가는 걸 막고 대문을 열 수 없도록 안과 밖에 다 문고리를 걸어 두고 생활하고 있었다. 그런데 왜 하필 그날 대문이 열려 있었는지 이해할 수 없었다. 설마설마했지만 이런 일이 일어날 줄은 꿈에도 몰랐다. 울면서 집으로 돌아와 할머니 방문을 열었다.

"할머니! 할머니 밖에 나갔다가 오셨어요? 나갈 때 삼식이가 따라가지 않았나요?"

나는 울면서 할머니께 소리쳤지만, 인지력이 없으신 할머니는 내 말이 무슨 뜻인지 이해하지 못하는 듯했다. 아무것도 모르는 할머니가 원망스러웠다.

'할머니 때문에 삼식이가 죽었잖아요! 내가 할머니를 얼마나 정성껏 돌봤는데, 어떻게 이럴 수가 있어요!'

마음속으로 고래고래 소리쳤다.

할머니를 돌보는 일은 언제나 내 몫이었다. 그 당시 엄마는 바깥일로 바빴고, 집 근처 직장에 다니던 내가 퇴근이 가장 빨랐다. 해 질 무렵, 노을보다 먼저 집에 도착하면 따뜻한 저녁상을 차려 할머니에게 한 숟갈씩 떠먹이는 일도 마다하지 않았다. 치매의 낯선 얼굴들과 마주한 것도, 그 얼굴들을 다독이는 일도 모두 나의 몫이었다. 20대 놀고 싶은 마음도 눌러 가며 할머니의 시간을 함께했는데 돌아온 건 처참했다. 그래서 할머니가 더 밉고 원망스러웠다. 그날 저녁 울며불며 할머니를 원망하는 나를 보며 엄마는 입을 열었다.

"영아야 삼식이가 할머니 대신 하늘나라로 간 거 아니겠나? 정신없는 할머니, 삼식이가 아니었다면 할머니가 큰일 당했을지도 모른다. 어쩌면 삼식이가 할머니를 지켜 준 걸끼다."

엄마의 그 말은 나에게 전혀 위로되지 않았다. 할머니가 삼식이 대신 사고를 당했다는 상황도 상상조차 하기 싫었다.

며칠 동안 눈물을 펑펑 쏟다가 지친 나는 철학관을 찾아갔다.
"우리 삼식이, 며칠 전 하늘나라로 갔는데, 좋은 곳으로 갔을까요?"
그 말에 철학관 아저씨는 어이없는 표정으로 나를 바라보았다. '살다 살다 뭐 이런 걸 물어보는 아가씨가 다 있냐?'라는 표정을 지었던 것 같다. 그날은 하도 울어서 철학관 아저씨가 뭐라고 했는지도 전혀 기억에 남지 않는다.

할머니를 대신해 무지개다리를 건넌 삼식이가 떠난 날은 7월 17일,

제헌절이었다. 잊을 수 없는 그날, 나는 삼식이가 떠난 이후로 다시는 강아지를 키우지 않겠다고 다짐했다. 내 인생에서 반려견은 삼식이가 마지막일 거라며 마음을 닫았다. 삼식이는 나에게 단순한 반려동물이 아니었다. 나에게는 가족이었고, 친구였으며, 마음을 알아주는 따뜻한 존재였다. 가족들이 하나둘 집을 떠난 뒤에도 할머니 곁을 지킨 건 삼식이뿐이었다.

늘 할머니를 따라다니며 말벗이 되어 주었을 삼식이 모습이 선하다. 퇴근 후 지친 나를 가장 반겨 주던 것도 삼식이었다. 속상한 날이면 아무 말 없이 내 무릎에 몸을 기대고 작은 숨결로 나를 위로해 주던 아이. 삼식이와 함께한 시간은 평범했지만 그래서 더 따뜻하고 오래도록 기억에 남는다.

세월은 무심히 흘러갔다. 그사이 '삼식이가 마지막'이라 다짐했던 나는 결국 나와의 약속을 지키지 못했다. 삼식이에게 다 주지 못한 마음 한 조각이 자꾸만 내 마음을 열게 했다. 그 마음은 삼돌이, 단비, 쫑이, 백도에게 이어졌고, 지금은 '버니'와 함께하고 있다. 삼식이에게 미안한 마음이 들기도 하지만, 삼식이가 남긴 사랑이 지금도 다른 따뜻한 생명들에게 조심스럽게 전해지고 있다. 그 마음을 유지하게 해 준 우리 삼식이가 참 고맙다.

'삼식아, 하늘에서도 행복해야 해. 보고 싶어.'

꼬리에 꼬리를 무는 일

'와~ 언니는 정말 어떤 인생을 사시는 거예요? 홍길동이세요? 진짜 대단하세요!'

SNS에 올린 신바람 노인대학, 여든 명의 어르신과 함께한 단체 사진 아래, 대학 시절 후배가 남긴 댓글이었다. 촘촘히 박힌 일상들을 엿보던 후배의 눈에는, 아마도 내 삶이 한 편의 흥미로운 연대기처럼 비쳤을 것이다.

오랜만에 만나는 이들의 낯선 질문, "도대체 무슨 일을 하세요?" "본 직업이 뭐예요?" 이런 질문 앞에서 나는 종종 묘한 존재가 된다. 하나의 길에 묵묵히 정진하는 이들에게, 내 다채로운 이력은 풀리지 않는 수수께끼처럼 느껴질지도 모르겠다.

아르바이트의 풋풋한 시절부터, 묵직한 책임감의 정규직, 삶의 현장을 온몸으로 부딪혔던 장사와 영업까지. 나는 어떻게 이토록 다양한 세계를 유영하게 되었을까. 넉넉지 못했던 유년 시절, 늘 부족한 용돈에 익숙해져야 했다. 장녀라는 이름의 무게는 때때로 어깨를 짓눌렀고, 주어진 환경 속에서 묵묵히 순응하는 법을 먼저 배웠다. 대학 시절, 손에 쥐어지는 것은 간신히 점심값 정도. 두 동생의 존재는 용돈 인상이라는 작은 소망조차 사치스럽게 만들었고, 절약은 자연스레 삶의 한 풍경이 되었다.

하지만, 예상치 못한 감정이 찾아오며 일상은 미묘하게 흔들리기 시작했다. 사랑, 그 설렘 가득한 단어는 곧 현실적인 문제와 직면해야 했다. 데이트라는 두 글자는 곧 '비용'이라는 낯선 무게를 달고 다가왔다. 강의가 비는 시간을 이용해 아르바이트라는 또 다른 세계의 첫 문을 두드렸다.

손끝의 섬세함과 빠른 손동작이 필요한 비눗갑 접기는, 나의 재빠른 손놀림 덕분에 같은 시간 안에 다른 아르바이트생보다 비눗갑을 많이 접어 사장님께 칭찬을 받기도 했다. 긴 방학의 끝자락에서는 보험 회사의 팩스 보내는 아르바이트로 여름을 보내기도 했다. 캠퍼스의 낭만 대신 돈의 무게를 먼저 알아 버린 이십 대의 나는, 휴학이라는 결단을 내린 채 장난감 공장의 삭막한 풍경 속에서 똑같은 일을 반복했다. 이후에는 뜨거운 김이 피어오르는 샤브샤브 식당의 분주함 속으로 뛰어들었다.

복학 후 졸업을 앞두고 찾아온 조경 회사는, 마치 운명처럼 순조로운 항해를 하듯 같은 과 학우들보다 먼저 취직하는 기회를 얻기도 했다. 하지만 현장 일을 하고 싶었던 나는 갑갑한 사무실에서 컴퓨터만 바라보며 공무를 보는 일이 지겨웠다. 직장생활에 만족하지 못한 나는 여섯 시 퇴근 후의 시간에 또 다른 무대로 향하는 발걸음을 재촉했다. POP 매장의 아르바이트, 그리고 밤의 정적 속에서 홀로 만들어 내던 형형색색의 POP들은, 쉼 없이 움직이는 나의 또 다른 직업이 되었고 재미까지 더했다.

7년의 세월이 흐르자, 익숙했던 조경 회사의 풍경은 서서히 권태라는 그림자를 드리우기 시작했다. 월급의 70%를 꼬박꼬박 저축하며 미래를 준비했지만, 월급쟁이의 삶이 드리운 번 아웃의 그림자는 쉽사리 지워지지 않았다. 은행에서 일하던 친여동생도 나와 같은 권태를 느꼈다. 결국 동생과 나는 의기투합하여, 그동안 차곡차곡 모아온 희망을 걸고 장사라는 새로운 항해를 시작하기로 결심했다. 활기 넘치던 대학 시절, 호프집 주방과 홀에서 익혔던 아르바이트 경험은 낯선 길에 대한 막연한 두려움을 말끔히 지워 주었다.

스물일곱, 우리는 젊음과 패기를 안고 울산이라는 낯선 도시로 내려갔다. 두 딸이 늦은 밤까지 장사하는 게 걱정된 부모님은 내 십 년 간의 긴 연애를 끝내 주셨다. 나는 장기간 연애한 그를 남편으로 맞이하였고, 우리의 신혼집에서 동생이 함께 살았다. 새로운 시작의 설렘도 잠시, 결혼과 함께 찾아온 작은 생명은 삶의 풍경을 송두리째 바꿔 놓았다. 뱃속의 아이와 갓 태어난 아이를 돌보며 가게를 운영하는 것은, 혼자였을 때의 날렵했던 움직임과는 전혀 다른 차원의 노력을 요구했다. 아이와 함께 가게로 출근하고 주방 한편에 아이의 놀이방을 만들어 놓고 아이를 방치하는 일이 늘어 갔다. 그런 아이와 함께 장사를 하는 나는 매일매일, 보이지 않는 거대한 산을 오르내리는 듯한 기분과 함께 죄책감에 사로잡혔다. 함께 하는 여동생에게 많은 일을 떠넘기는 것 같아 미안했다. 결국, 둘째 아이의 출산과 함께 우리는 고심 끝에 가게 문을 닫기로 결정했다.

 정적인 순간을 견디지 못하는 내 내면에는, 오랜 시간 묵직하게 자리 잡은 하나의 단어가 떠올랐다. '선생님', 그 따뜻하고 존경스러운 호칭. '선생님'이라는 호칭은 늘 내 마음속 깊은 곳에서 은은하게 빛나고 있었다. 둘째 아이를 품에 안고 찾았던 문화센터에서, 아이들을 위한 교구를 손수 만들던 내 모습은 한 문화센터 원장의 눈에 띄었다. 그녀의 따뜻한 제안은, 마침내 나에게 '선생님'이라는, 늘 꿈꿔 왔던 호칭을 선물해 주었다.

 아이들이 어린 시절에는 자연스럽게 유아 교육과 관련된 일을 선택했고, 초등학교 입학 후에는 책과 함께하는 교육 회사의 선생님이 되었다. '영업'이라는 낯선 영역에 대한 강한 거부감도 잠시, 나는 어느새 능숙하게 사람들의 마음을 움직이는 영업사원이 되어 있었고, 결국 한 기업의 지국장이라는 자리까지 오르게 되었다. 하지만 여러 사람과 함께 하는 조직 생활의 어려움을 깨닫고, 마흔한 살의 나는 미련 없이 명예와 직위를 내려놓고 회사를 떠났다.

 스물넷에 시작된 기나긴 여정은, 십칠 년이라는 시간을 훌쩍 넘어 마침표를 찍었다. 쉼 없이 달려온 나에게, 잠시나마 온전한 자유를 선물하고 싶었다. 하지만 뼛속까지 새겨진 듯한 활동적인 성격은 휴식이라는 달콤한 유혹에 오래 머물지 못했다. 다시 무언가를 배우고, '선생님'이라는 소중한 이름을 놓을 수 없었던 나는, 짧은 안식 후 프리랜서라는 새로운 캔버스 위에 또 다른 삶의 그림을 그려 나가기 시작했다.

 지금, 이 순간에도, 나는 여전히 내가 하고 싶은 일, 마음이 이끄는 일들을 찾아다닌다. 아이들의 맑은 눈망울을 바라보며 가르침을 주고, 때로는 따뜻한 마음을 나누는 서포터즈 활동에 참여한다. 문득 찾아오는 고요한 시간에는 오롯이 혼자만의 시간을 즐긴다. 다양한 분야에서 아이들을 가르치다 보니, 자연스럽게 여러 가지 수업을 맡게 되었다. 그래서 SNS라는 단편적인 창을 통해 나를 접하는 사람들은, 나의 정체성에 대해 끊임없이 질문을 던진다.

어떤 날은 아이들의 웃음소리로 가득하고, 어떤 날은 묵묵히 봉사의 땀방울을 흘리며, 또 어떤 날은 화창한 대낮에 홀로 꽃길 속을 거닌다. 동쪽에서 반짝, 서쪽에서 반짝 나타나는 내 변화무쌍한 모습에, 사람들은 나를 '홍길동'이라는 친근한 이름으로 부르곤 한다.
"선생님은 왜 그렇게 바쁘세요?"
질문에 담긴 궁금증에, 나는 환한 미소로 답한다.
"저는 하나도 바쁘지 않아요. 하는 일의 종류가 많을 뿐이지, 시간을 그렇게 많이 쓰지 않거든요."

나는 시간을 정교하게 조율하는 '시간 조율사'이다. 다양한 역할들을 능숙하게 소화해 내며, 퍼즐 선생님, 놀이 선생님, 박 기자님, 리포터, 디카시인, 작가 등 다채로운 이름으로 불린다. 앞으로 또 어떤 새로운 이름들이 덧붙여질지는, 나조차 알 수 없다. 다만 지금까지 그래왔듯, 나는 내 모든 일, 내 소중한 하루하루를 섬세하게 조율하며 살아갈 것이다.

이 글의 마지막 마침표를 찍는 순간, 어쩌면 나는 진정한 '작가'라는 또 하나의 이름으로 불릴지도 모르겠다. 직업이란, 남에게 보여 주기 위한 허울이 아닌, 오롯이 나를 위한 것이어야 한다는 것이 내 확고한 신념이다.

오늘도 나는 심장을 두근거리게 할 새로운 일을 찾아, 새 캔버스에 또 어떤 그림을 그리게 될까?

설레는 고민 속으로 기꺼이 발을 들인다.

지옥이라도 함께 갈 수 있는 사람

삼일절 아침, 쩌렁 울리는 대한 독립 만세의 외침도 채 가시기도 전에, 휴대전화 벨 소리가 요란하게 울렸다.

"여보세요."
수화기 너머, 떨리는 목소리가 흘러나왔다.
"해경아, H 엄만데. 오늘 H 데리러 전주에 갈 거란다."
숨을 멈췄다.
"네, 어머니 그럼, 저도 바로 준비해서 출발할게요."

H는 고등학교 시절, 둘도 없는 단짝 친구였다. 신기하게도 단 한 번도 같은 학교에 다닌 적은 없었지만, 특별한 인연으로 우리는 열여덟 풋풋한 나이에 서로의 삶에 깊숙이 스며들었다. 나는 인문계, H는 상업 고등학교. 나는 O형, 그녀는 AB형. 그림자 같던 내성적인 소녀와, 누구와도 금세 허물없이 친해지는 밝고 활기찬 아이. 그렇게 물과 기름처럼 달랐던 우리는, 질긴 실처럼 엮여 10대와 20대를 지나 지금까

지 끈끈한 우정을 이어 오고 있었다.
'그런 소중한 내 친구를, 지옥에서 데리고 와야 한다.'

  H는 최근 힘겨운 시간을 보냈다. 믿었던 남편이 배신하여 깊이 상처 입은 친구는, 기댈 곳을 찾아다녔다. 결국 마음의 안식처가 되어 주었던 절로 스스로 머리를 깎고 들어갔다는 소식을 들었다. 활짝 핀 꽃처럼 아름답고, 세상 누구와도 스스럼없이 어울리던 내 친구를 차갑고 고요한 절 안에 홀로 둘 수는 없었다.

  마침, 삼일절은 붉은 휴일이었다. 어린 두 아들을 남편에게 맡기고, 나는 망설임 없이 기차표를 예매했다. 낯선 곳을 홀로 가는 것에 대한 막연한 두려움이 늘 나를 붙잡았지만, 친구를 데려와야 한다는 간절한 마음은 그 모든 불안감을 잠재웠다. 어떻게 하면 이 굳게 닫힌 친구의 마음을 열고 다시 세상으로 데려올 수 있을까. 온통 그 생각뿐이었다. 기차는 덜컹거리며 낯선 풍경 속으로 나를 실어 날랐고, 몇 번의 버스를 갈아탄 끝에 드디어 전주 시내, 그 작은 절 앞에 도착했다. 친구 어머니께 전화를 드리니, 다행히 친구와 함께 있다고 하셨다.

  친구는 절 근처, 세월의 흔적이 고스란히 느껴지는 허름한 여관방에 낯설게 앉아 있었다. 낡은 여관 문을 조심스럽게 열자, 믿을 수 없는 친구의 모습에 나는 그 자리에 굳어 버렸다. 어머니, 아버지께 인사하는 것조차 잊은 채, 망연자실한 친구에게 다가섰다. 평소에도 가냘프고 작은 체구였지만, 그동안의 마음고생이 얼굴에 가득 채워져 있었다. 잿빛 승복을 걸친 채, 빡빡 깎은 머리를 숙이고 묵묵히 앉아 있는 친구의 모습은 낯설고 애처로웠다. 친구 옆에 앉은 어머니는 차마 딸에게서 시선을 떼지 못했고, 아버지께서는 깊은 한숨만을 내쉬고 계셨다.

"야, 이 가스나야! 니가 미쳤나? 니가 왜 이러고 있는데! 그 망할 놈이 머리를 깎으면 깎았지, 니가 왜!"

친구를 보자마자 악을 쓰며 소리를 질렀다. 그러고는 울컥, 뜨거운 눈물이 쏟아졌다. 밝고 씩씩했던, 생활력 강했던 내 친구가 왜 이토록 고통스러운 모습으로 이곳에 앉아 있어야 하는지 도무지 이해할 수 없었다. 친구는 친오빠의 대학교 동기와 결혼했다. 오랜 시간 함께 지냈기에, 그의 인성에 대해선 의심조차 하지 않았다. 하지만 결혼 날짜를 잡아 놓고 친구들과 함께한 술자리에서 그의 숨겨진 이기적인 본성을 알게 되었다. 친구들은 언성을 높이면서 결혼을 반대했다. 그러나 이미 되돌리기엔 너무 멀리 와 버린 후였다.

'그때, 어떻게든 말려야 했는데…….'

후회가 뒤늦게 밀려왔다. 왜 내 소중한 친구가, 이토록 깊은 슬픔 속에 갇혀 이런 낯선 곳에서 초라한 모습으로 있어야 하는 건지 화가 나 미칠 것 같았다.

"당장 그 옷 벗어라! 니가 왜 이런 옷을 입고 이런 곳에 있는데! 어서 짐 정리하고 같이 가자! 니 갈 때까지 나도 안 갈끼다!"

나는 부모님이 계신다는 것도 잊은 채, 목소리를 높였다. 그 순간만큼은 정말 친구와 내 역할이 뒤바뀐 듯했다. 늘 내 옆에서 든든한 버팀목이 되어 주고, 나보다 더 큰 목소리로 내 권리를 찾아 주던 친구였기에, 그녀가 속세와 등진 채 고독한 승려의 길을 걸어가는 모습을 도저히 상상할 수도, 용납할 수도 없었다.

친구 부모님과 나는 번갈아 가며 큰 소리로 울먹이다가, 다시 차분하게 설득했다. 제발, 이제 그만하고 함께 돌아가자고. 아무런 대답이 없으면, 나는 친구의 회색 승복 자락을 붙잡고 흔들며 벗으라고 애원했다. 낯선 곳을 혼자서는 제대로 다니지도 못하는 나를 친구는 누구보다 잘 알고 있었다. 몇 번이나 차를 갈아타고, 그 먼 곳까지 달려와 목이 터지라 외치는 나의 모습에, 굳게 닫혔던 친구의 눈빛이 흔들리는 것을 느낄 수 있었다. 결국, 친구는 힘없이 고개를 끄덕이며 알겠다고, 이제 울산으로 돌아가라고 말했다. 그동안 얼마나 많은 눈물을 삼켰을까. 친구의 얼굴을 보니, 다시 한번 가슴이 저릿해 왔다. 삼일절. 유관순 열사가 나라를 지키기 위해 외쳤던 숭고한 함성에는 감히 비할 수 없겠지만, 내 소중한 친구를 절망의 늪에서, 고통의 지옥에서 꺼내 오기 위해 나 또한 끊임없이 소리쳤다.

"가자, 제발, 이제 집으로 가자."

낯선 전주, 낯선 여관방 안에는 무거운 침묵만이 흘렀다. 그리고 마침내, 친구는 작고 힘없는 한마디를 내뱉었다.

"알았어."

그 말을 듣고, 놓칠 뻔한 고속버스 막차에 몸을 실어 나는 울산으로 돌아왔다. 그날 이후, 나는 친구 부모님과 더욱 가까워졌고, 무엇보다 소중한 내 친구는 다시 환한 미소를 되찾고 내 곁으로 돌아왔다. 여전히 의리 넘치고, 우리 부모님께도 친딸처럼 살갑게 대하는 사랑스러운 친구로.

얼마 전, 우리 아버지의 갑작스러운 부고 소식을 듣고, 친구는 한달음에 짐을 싸서 달려와 주었다. 오랜만에 마주한 우리는 서로를 부둥켜안고 하염없이 눈물을 흘렸다. 친구는 발인일까지 궂은일을 도맡아 하며, 슬픔에 잠긴 나와 우리 가족을 살뜰히 챙겨 주었다. 늘 조건 없이, 내 일이라면 그 먼 길도 마다하지 않고 달려와 주는 친구는 이제 우리 가족뿐만 아니라 외가, 친가 식구들까지 모두 아는 없어서는 안 될 소중한 존재가 되었다. 끈끈한 남자들의 우정 못지않은 우리의 깊은 우정을 보며, 삼촌과 이모들이 한마디씩 하셨다.

"역시 니 친구 최고다. 이런 친구가 어딨노? 영아(집에서 부르는 내 이름), 니는 친구 하나는 정말 잘 뒀다."

이제는 진짜 가족이 된 내 친구. 내가 너를 위해서라면 기꺼이 지옥불 속으로 뛰어들 수 있듯이, 너 또한 늘 나를 위해 달려와 주었지. 우리의 굳건한 우정이 있는 한, 우리는 그 어떤 어둠과 고난도 두렵지 않을 거야.

사랑한다, 친구야.

언제나 뒤늦게 깨닫는 사랑

'우리 딸, 울었어? 사진 속에 눈이 부어 보여.'
'오늘 퇴근하고 치맥 먹었나 보네? 잘했구나.'
'자취방에 꽃 사다 놓은 거야? 이왕이면 조화보다 생화가 기분 전환에 더 좋을 거야.'

첫 직장생활을 타지에서 하게 되어 처음으로 부모님 품을 떠나게 됐다. 어색하고 긴장되는 마음은 나도 부모님도 마찬가지였다. 연락을 자주 주고받긴 했지만, 특히나 카카오톡 프로필사진을 바꿀 때면 엄마는 답장하듯 재빨리 연락을 주셨다.

첫 직장은 대학병원 중환자실이었다. 의식 없이 누워 있는 환자들, 그들의 몸을 관통하는 여러 개의 삽관, 단숨에 익히기에 벅찬 각종 약물과 치료 방법들, 거기에 말로만 듣던 간호사 태움 문화까지. 그동안 살아온 삶과 너무 다른 세계였다. 하루만 더, 일주일만 더 버텨 보자고 억지로 마음을 끌고 갔다. 15개월 동안 세 번의 사직 고비가 있었다. 그럴 때마다 엄마가 하신 말씀이 있다.

"윤지는 절대 혼자가 아니야. 언제나 뒤에 엄마가 있어. 힘들면 언제든지 집에 돌아와도 돼. 엄마는 대학병원 간호사 딸보다 행복한 딸이 더 좋아. 윤지가 행복하지 않다면 대학병원이라는 직장도 다 소용없어."

얼마 전, 워킹맘과 전업주부에 대한 주제로 엄마와 이야기를 나눴다. 내 이야기를 묵묵히 들으시더니 마지막에 입을 여셨다.
"윤지가 뭘 하든 엄마는 응원할게."

내가 아는 어른 중 엄마가 가장 지혜롭고 현명했던 이유와 엄마의 조언대로 선택하면 대부분 후회 없이 일이 잘 풀리던 이유를 이제야 깨달았다. 그건 바로 나를 향한 무한한 지지와 응원 때문이었다. 실패하고 되돌아왔을 때 수고했다고 보듬어 주고, 새로운 길을 간다고 해도 우리 딸은 잘할 거라며 자랑스럽다고 응원해 주신 덕분이었다. 사랑은 절대 변하지 않는다는 것을, 뒤돌아보면 늘 같은 자리에 존재한다는 것을, 의심하지 않아도 된다는 것을 자신의 삶을 통해 보여 주셨다.

친정엄마는 첫째 아이 출산 직후부터 줄곧 나의 육아를 도와주셨다. 하지만 신생아 트림시키는 방법, 분유 제조하는 방법, 유모차 등받이 각도, 미디어 노출 등 나와 방식이 맞지 않는다고 수없이 투덜거렸다. 그날도 평소처럼 내가 대청소할 동안 아이를 돌봐 달라고 부탁드렸다. 엄마는 아이를 유모차에 태우고 아파트 산책길에 다녀오신다고 했다.

부지런히 청소를 마치고 산책길에서 만나기로 한 시간이 되었다. 산책길에는 입구 방향, 출구 방향, 중간 문 방향 등 여러 갈림길이 있다. 그중 어느 갈림길에서 만날지 소통이 제대로 안 된 채 나는 산책길 전체를 들쑤시고 다녔다. 저 멀리 친정 부모님과 유모차가 보였다. 이웃과 이야기하느라 내 전화를 받지 못한 거라는 걸 알게 된 후 화가 더 치밀어 올랐다.

"엄마 정확히 어디에 계신다고 알려 주셔야죠! 저기 입구부터 여기까지 계속 찾아다녔잖아요! 전화는 왜 안 받으세요!"

"내가 산책길에 있겠다고 했잖아! 그리고 지금 만났으면 됐지! 이 나이 먹고 아기 돌봐 주는 게 쉬운 줄 아니?"

서로 큰 소리가 오가던 중에 엄마가 갑자기 뒤로 돌아섰다. 그대로 성큼성큼 걸어가셨다. 어깨가 미세하게 떨리는 게 보였다. 그런 엄마의 뒷모습을 멍하니 바라보다가 재빨리 뛰어가 붙잡았다. 엄마의 눈에서 굵은 눈물이 떨어지고 있었다. 아차, 싶었다. 우리는 서로 어깨를 끌어안은 채 산책길 한복판에서 소리 내어 엉엉 울었다. 엄마에게 지울 수 없는 큰 실수를 했다.

엄마가 나 때문에 상처받을 거란 생각을 해 본 적이 없다. 엄마는 못하는 것이 없고 늘 강인한 존재였기 때문이다. 강해 보이는 엄마의 내면에도 여린 구석이 있다는 그것을 미처 헤아리지 못한 내가 원망스러

왔다. 더 많이 살아 낸 만큼 더 많이 사랑하고, 더 많이 나눠 주려고 했던 만큼 더 많이 아파하셨을 거로 생각하니 가슴이 저렸다. 엄마는 어른스러웠으면 하는 바람, 각자 인생의 짐은 각자가 해결했으면 하는 마음, 나는 내 입맛대로 엄마를 필요로 하기도, 밀어내기도 했다. 때때로 이러면 안 된다는 걸 알면서도 감정이 직진할 때가 있다. 그러고 나면 곧 후회하고 엄마 마음 주변을 서성인다. 엄마의 가슴 속 빈자리를 내가 채워 줘야겠다는 마음과 나도 여전히 엄마에게 기대고 싶은 마음 사이 어딘가에 서 있다. 그렇게 우리는 오늘도 서로를 배려하기도, 섭섭해하기도, 안쓰러워하기도 하는 마음을 '사랑'이라고 퉁 치며 그럭저럭 살아가고 있다.

아빠가 사랑하는 방식

초등학생 시절, 우리 가족은 주말마다 전국으로 여행을 다녔다. 영월, 공주, 부여, 경주, 부산 등 교과서에 나오는 유적지는 모두 직접 가 볼 정도였다. 피아노, 바이올린, 플루트, 기타도 마음껏 배웠다. 미국인과 중국인 교사에게 직접 언어도 배웠다. 대학생 때는 필리핀 WHO 본부와 싱가포르 호스피스 병원을 견학하며 선진 의료를 배우기도 했다. 신혼집 실내 장식을 할 때는, 잔뜩 들떠 있는 내게 큰돈을 턱 보태 주셨다. 그럴 때마다 아빠는 늘 '돈 생각하지 말고 마음껏 이야기해라'라고 말씀하셨다. 이때까지만 해도 나는 아빠가 사회에서 잘나가는 줄로만, 친정 부모님이 돈이 많은 줄로만 알았다.

어느 날 저녁, 아빠에게 갑자기 전화가 왔다.
"박 서방 퇴근했니?"
"아니, 아직 안 왔어. 나 혼자 있어."
"아빠가 박 서방 없을 때 너한테만 하고 싶은 이야기가 있어. 지금 잠깐 갈게."

수박 하나를 사이에 두고 식탁에 마주 앉은 채 아빠의 이야기가 시작되었다.

1950년대, 경기도 어느 시골에서 4형제 중 둘째 아들로 태어났다. 첫째 아들만 빼고는 찬밥 신세로 여겨지던 시대인지라, 조부모님 역시 당신 아들의 국민학교 출석보다는 농사일이 우선이었다. 학교에 출석했던 기억보다 지게를 지고 산에 올라 나무를 베어 오던 장면, 논밭에 나가 일하던 장면, 교실 창밖에서 몰래 칠판을 들여다보던 장면이 먼저 눈에 아른거린다고 하셨다. 중학생 때는 빵과 우유를 주는 게 좋아 핸드볼팀을 시작했다. 소년체전 선수로 뽑힐 정도의 실력을 보였지만 부모님의 반대로 운동도 하지 못했다. 형은 산에서 나무 한 번 베지 않고서 따뜻한 밥을 먹고 종일 앉아 공부만 하는데 말이다. 공부도 운동도 어설프게 하던 아빠는 나이가 되자마자 곧장 군대로 도망쳤다. 제대 후에는 친척 어른의 권유로 공장에서 일했다. 지역 발령을 핑계로 충청도로 도망쳐 온 아빠는 가족들과 연락을 끊고 이 악물고 홀로서기를 시작했다. 그 당시 챙겨온 거라곤 작은 상자에 숟가락과 젓가락 한 쌍, 밥그릇과 국그릇, 옷가지 몇 벌과 책 몇 권이 전부였다.

그제야 생각해 보니 어린 시절 아빠의 근무 형태는 독특했다. 아침에 출근하면 저녁에 집에 돌아와야 하는데 다음 날 아침이 돼서야 돌아오곤 하셨다. 알고 보니 교대 근무를 하면서도 다른 직원들의 부재 시 대신 근무하신 것이었다. 또한 명절 연휴 때도 친척 집에 간 기억이 별로 없다. 연휴 기간에 근무하면 돈을 더 받을 수 있으므로 앞장서서 일하신 것이었다. 아빠의 손이 당신의 어린 시절에 산에서 베던 나무껍질과 비슷하다는 것과, 내가 깔깔거리며 매달려 놀던 슈퍼맨 팔뚝은 억센 노동으로 다져진 것이라는 걸 너무 늦게 알아차렸다.

억울했던 일, 힘들었던 일, 버텨 냈던 일을 말씀하실 때 이따금 슈퍼맨 팔뚝이 들썩였다. 끝내 굵은 눈물이 떨어졌다. 이내 소리 내 우셨다. 태어나서 처음 듣는 소리였다. 굵고 길게 꺽 꺽 하는 울음소리에는 한 국민학생의 깊은 한이 서려 있었다. 어느 청년의 피눈물이 젖어 있었다. 아빠를 안아 주고 싶었는데 우는 아빠는 처음이라 그러질 못했다. 할 수 있는 거라곤 그저 나도 같이 우는 것밖에 없었다. 대신 아빠의 땀방울이 들어간 신혼집이 우리를 포근히 안아 주었다.

"우리 딸, 이 집에서 행복하게 시작해라. 박 서방 오기 전에 얼른 갈게."

내 첫 번째 신혼집은 아빠의 자부심이자 자랑이자 오랜 세월의 보상이었으리라. 아빠가 그래 왔던 것처럼 이 집에서 보란 듯이 성공하기로 다짐하는 순간이었다. 더불어 아빠가 처음 충청도살이를 시작했을 때의 살림살이보다 훨씬 풍족하게 시작한다.

아빠가 말해 주지 않았다면 순백의 아이는 당신이 걸어온 가시밭길을 딸에게는 보여 주지 않으려는, 순수함을 지켜 주고 싶은, 무언가에

흥미를 느꼈을 때 방해받지 않고 그대로 쭉 경험시켜 주려는, 아무것도 걱정하지 말라는, 여기 언제나 아빠가 있을 거라고 애쓰는 마음을 영원히 몰랐을 것이다. 이 말을 몸소 실천하시던 아빠의 지난 세월을 잊지 않고 싶다. 지금부터라도 그날들의 사랑을 기억하고 싶다. 아빠는 사랑을 몸으로 표현하신 거였다. 돈을 벌기 위해 일을 많이 하신 거였고. 그러면서도 틈틈이 나와 엄마와 시간도 함께 보내려 애쓰셨다. 아빠 혼자만의 시간은 거의 없이 일과 가족으로 꽉 찬 삶을 사셨다.

아빠가 가족을 사랑하는 일이 즐거우셨던 것처럼 나 또한 아빠를 사랑한다는 표현 방식에 행복하게 임할 것이다. 문자에 사진을 첨부하는 방법, 카카오톡 단체 채팅방 기능을 이용하는 방법, 인터넷으로 신발을 구매하는 방법, 음식점에서 키오스크로 주문하는 방법, 우리 집 아파트 현관에서 비밀번호를 입력하는 방법을 알려 드리는 일 말이다.

정신없이 살다가 문득 내가 누구인지 모를 때, 여기가 어디인지 모를 때, 어느 방향으로 가야 하는지 길을 찾지 못할 때, 고개를 들어 앞을 보면 언제나 아빠는 나를 향해 손을 내밀고 계셨다. 나는 더 이상 고민하지 않고 그 손을 잡고 따라가기만 하면 되었다. 아빠를 통해 가족이라면 온 마음을 다해야 한다는 것 또한 알게 됐다. 아빠가 선물해 준 어린 날들. 그날들이 나를 지금까지 지켜 주었다. 또한 앞으로 나아가게 할 것이다. 최선을 다해 사랑하자. 열심히 행복해지자.

그날 이후 삶에서 힘든 일이 있을 때마다 그날의 눈물을 떠올린다. 거칠고 두꺼운 손의 감촉과 함께. 그러면 불평이 쏙 들어가고 정신이 번쩍 든다. 나아갈 힘이 들끓는다. 아빠가 그렇게 지켜 주고 싶어 하던 내가 이만큼 컸다. 이제는 내가 아빠를 지켜 드릴 차례다. 할 수 있다. 나는 아빠 딸이니까.

자기만의 공간이 있다는 것은

결혼 전, 친정에 있던 식탁은 내게 그다지 중요한 공간이 아니었다. 영양제, 이쑤시개 통, 티슈 갑이 늘 올려져 있었지만 모두 내 것이 아니었다. 오직 식사 시간에만 식탁을 이용했다. 삼시 세끼 먹는 시간을 모두 합쳐도 채 한 시간이 되지 않았기 때문에 식탁이 굳이 이렇게 커야 하는지 의문스럽기까지 했다. 그래서 신혼집을 꾸밀 때도 식탁은 크게 신경 쓰지 않았다. 별 고민 없이 예산에 맞는 것으로 욱여넣었다.

육아에 찌들어 있다가 제대로 글을 써 보자고 다짐한 날이었다. 연필과 공책보다는 노트북이 더 편했다. 하지만 집 안에는 마음 놓고 노트북을 펼쳐 놓을 공간이 없었다. 책상은 당연히 없었고 화장대, 침대, 소파, 방바닥 등에 노트북을 올려놓기도 우스꽝스러웠다.

집 안에는 마땅한 공간이 없길래 집 밖에서 찾았다. 마침, 집 근처에 늦은 밤까지 하는 카페가 있었다. 매일 밤 두 아이를 재우는 일을 남편에게 부탁하고 카페로 출근했다. 같은 시간대에, 고등학생들이 수업을 마치고 카페로 우르르 들어와 수다로 스트레스를 풀었다. 어느 날 밤에는 근처에서 회식을 마친 직장인들이 반쯤 술에 취한 채 들어오기도 했다. 그럴 때마다 주변이 시끄러워서 내가 쓰고 있던 글자들은 공중에서 휙 날아가기 일쑤였다. 더욱 조용하고 개인적인 공간이 필요했다. 스터디카페와 공유 사무실을 검색했다. 하지만 취미로서의 글쓰기를 위해 굳이 월세를 내면서까지 바깥 공간을 이용해야 하는지 의문이 들었다. 공간에 대한 고민은, '왜 이토록 글이 쓰고 싶을까?'에서 '굳이 글을 써야 할까?'라는 근본적인 물음까지 도달했다. 이 혼란 속에서도 한 가지 마음은 굳건했다.

'글을 쓰고 싶다.'

다른 주부들은 어디에서 글을 쓰는지 궁금했다. 차분하게 집중해서 글을 쓸 만한 공간은 어디일까?

원점으로 돌아가야 했다. 시선을 다시 집으로 돌려 보니 그제야 식탁이 눈에 들어왔다. 널브러진 물건들을 바구니 하나에 정리한 후 벽 쪽으로 붙여 버렸다. 드디어 식탁이 제 모습을 드러냈다. 처음엔 흐뭇했지만, 그 기쁨은 잠시뿐이었다. 노트북 화면을 보고 있자니 양옆으로 보이는 탁상시계와 달력이 계속 거슬렸다.

그때쯤부터 남편이 바빠졌다. 잡동사니가 가득하여 창고로 쓰던 작은 방을 정리하기 시작했다. 아파트 단지 내 분리수거장에서 낑낑거리며 가져온 새하얀 5단 책장, 쿠팡에서 하루 만에 배송해 온 3만 원짜리 가벼운 책상, 그리고 식탁에서 가져온 의자 한 개를 적당히 배치했다. 그렇게 나만의 작업실이 탄생했다.

"책상이 너무 작아서 아쉽지 않아?"

"상관없어. 그냥 글만 쓸 수 있으면 돼."

사실 글을 쓸 때 책상에 올릴 것이 노트북 이외에는 없다. 두 아이와 유아용품에 방해받지 않고 글을 쓸 수 있는 공간이기만 하면 됐다. 방 전체도 아니고 단 한 면일 뿐이었다. 그래도 나만의 공간이 생겼다는 사실이 좋았다.

"여기서 쓰고 싶은 글 다 써. 당신의 꿈을 이뤄 봐."

뒤를 돌아보면 아직 정리가 덜 된 옷가지들과 이불이 보여 정신없지만, 굳이 뒤돌아보지 않으면 그만이다. 5단 책장 중 맨 위 칸은 남편에게, 아래쪽은 두 아이에게 각 한 칸씩 내어 주었다. 남은 두 칸 중 한 칸에는 소설책을, 다른 한 칸에는 시집을 가득 채워 넣었다. 그 밖에도 읽고 싶거나 읽어야 하는 책들, 미완성 원고, 글쓰기 재료들을 적은 메모 등을 쌓아 두었다. 눈길이 쉽게 닿는 곳에 작은 엽서도 붙였다. 노트북을 두드리다가 고개를 들면 바다가 그려진 엽서가 보인다. 그것을 바라보고 있으면 마치 바다 전망 작업실에서 일하고 있는 기분이 든다. 참고할 만한 책을 꺼내느라 고개를 왼쪽으로 돌리면 일곱 송이의 튤립 삽화가 또 나를 반긴다. 이제부터 이곳은 육아에 지친 내가 글을 쏟아내고 싶을 때, 내게 피난처가 되어 줄 것이다. 글을 쓰는 순간에는 낙원이요, 다른 이의 글을 읽을 때는 휴식이 되어 줄 것이다.

이제 큰방에서 아이들을 재우고 나오면 작은방으로 출근한다. 그렇게 잠옷을 입은 채 매일 글을 쓴다. 아이들이 잠든 새벽은 글쓰기에 전념하는 데 좋은 조건이다. 새벽의 고요에 몸을 맡긴다. 근심과 걱정을 잠시 잊고 글쓰기에 몰두한다. 귀한 시간과 공간임을 알기에 초고 한 편이 완성될 때까지는 방 밖으로 나가지 않고 깊게 집중한다.

생업 이외의 꿈을 갖고 살아간다는 것은 설레는 일이다. 이 공간에서 나는 꿈을 꾸고 미래를 만들어 나갈 것이다. 이 공간은 내 삶의 방향을 알려 주는 고마운 나침반이다. 좌절과 극복을 통해 깨달은 것을 담담하게 적어 내려갈 것이다. 내 경험을 필요로 하는 단 한 사람을 위해 따뜻한 위로를 건넬 것이다. 어딘가에서 내 글을 기다리고 있을 사람에게 하고 싶은 말을 행간 속에 가득 담아 다정한 글을 건넬 것이다. 여기에서 내가 꿈꾸는 많은 것들이 차근차근 이뤄지길 기대해 본다.

나를 사랑한다는 건

일주일에 세 번은 필라테스 학원으로 간다. 첫째 아이 임신부터 둘째 아이 출산까지, 이어진 전업 육아 때문에 약 4년 동안 제대로 된 운동을 못 했다. 온종일 상체를 숙인 채 기저귀를 갈고, 두 아이를 번갈아 안아 주다 보니 어깨가 앞으로 말렸다. 양쪽 골반의 높이도 다르고 허리도 늘 아팠다. 두 아이 모두 어린이집에 입학한 후에야 드디어 허리를 펼 여유가 생겼다. 오랜만에 홀가분한 몸으로 동네 산책을 나섰다. 주위를 둘러보니 그동안 보이지 않던 여러 상점이 눈에 보였다.

'혼자 카페에 갈까? 삼겹살도 먹고 싶은데. 이 네일샵은 언제 오픈했지? 저 꽃집은 아직도 영업하는구나.'

그러다가 한 현수막에서 시선이 멈춰 섰다.

'체형 교정! 산전 산후 관리 전문! ○○ 필라테스'

게다가 가장 큰 글씨로 '현재 이벤트 중'이라고 쓰여 있었다. 정신을 차려 보니 나는 이미 상담실에 앉아 있었다. 그렇게 필라테스와 인연이 시작되었다.

캐딜락, 리포머, 체어, 바렐 등의 기구 이름도, 롤 업, 롤 다운, 브릿지 등의 동작 이름도, 몸에 달라붙는 의상도 모든 게 낯설었다. 선생님은 늘 본격적인 수업을 시작하기 전 심호흡하게 했다. 마시는 숨에 코로 숨을 마시며 갈비뼈를 앞, 뒤, 양옆으로 크게 늘리게 하셨다. 내쉬는 숨에 입으로 숨을 내쉬며 흉곽을 조여 주고 배꼽을 척추 쪽으로 납작하게 당긴다. 그렇게 몇 차례 들이쉬고 내쉰다. 그 후에는 정면을 보고 서서 골반으로 신체의 중심을 잡는다. 골반의 위치가 흐트러지지 않게 자세를 잡은 후 정수리부터 꼬리뼈까지 천천히 굴려 정수리가 바닥을 향하게 한다. 그 후 숨을 크게 들이쉰다. 다시 내뱉으며 이번엔 반대로 꼬리뼈에서 정수리 방향까지 척추를 천천히 편다. 이때 선생님은 골반을 먼저 고정하고 그 위에 척추를 하나하나 쌓아 올리라고 말한다.

본격적인 동작이 이어진다. 정면을 보고 서서 한쪽 다리를 들어 올린다. 반대쪽 발바닥만 바닥에 닿아 있다. 그 자세로 선생님의 동작을 따라 하다가 보면 어느새 바닥에 닿아 있는 쪽 허벅지가 흔들리기 시작한다. 선생님은 총 하나부터 열까지 센다. 다섯 번째까지는 차분하게 따라 하다가 여섯 번째에 몸이 조금 떨린다. 일곱을 셀 때는 좀 더 크게 휘청인다. 일곱과 여덟 사이에 짧으면서 강렬한 고민이 스친다.

'남은 세 번을 무사히 할 수 있을까? 넘어지면 어떡하지? 쥐 나는 거 아냐? 여기서 멈추고 잠시 쉴까? 살면서 이것보다 더 힘든 것도 버텨 냈는데 겨우 이걸 못 해? 그럴 순 없지. 영차!'

결국 여덟, 아홉, 열까지 해낸다.

첫째 아이 임신 기간 동안, '둘째 아이까지 연달아 출산 후 빨리 복직해야지'라는 계획을 세우고 있었다. 육아 휴직 기간에 미리 승진과 관련된 공부를 해야겠다는 다짐도 당연했다. 이런 마음의 소리를 첫째 아이가 들은 걸까, 회사에 다니는 엄마보다 집에서 지내며 자신과 살을 더 부대끼는 엄마를 더 바란 걸까, 아이가 태어난 지 딱 일 년 만에 '당원병'이라는 희귀 질환이 있음을 알게 됐다.

당원병은 선천적으로 탄수화물, 혈당을 분해하는 효소가 없어 저혈당 쇼크 등 생명에 위험을 초래할 수 있는 질환이다. 현재까지 개발된 약물과 수술법이 없어 오직 철저한 식이조절과 혈당 수치 조절로 관리해야 하는 질병이다. 조금씩 자주 먹어야 하는 탓에, 하루에 열두 번 식사를 나눠서 해야 한다. 지인들과의 약속이나 여행 등은 상상할 수 없었다. 2년 터울로 태어난 둘째 아이 역시 같은 진단을 받았을 때는 너무나 감당하기 어려웠다. 특히 이 질병은 보통 만 1세, 길어도 4세를 넘기지 못한다는 말은 가슴을 후볐다. 약 2년 반 동안 세상과 단절된 채 오롯이 두 아이만 돌보며 지냈다. 임신 중에도 복직과 승진을 꿈꾸는 게 불순했던 탓일까. 필라테스 호흡법처럼 숨을 들이쉴 때와 내쉴 때를 구별할 줄 알아야 했는데, 그 원리를 어긴 채 전력 질주하는 내가 적신호에 걸려 버렸다.

올해, 첫째 아이는 비교적 건강한 모습으로 5세를 맞이했다. 버텨 낸 하루들이 모여 우리 가족을 단단하게 이끌었다는 것을 깨달았다. 우리 가족의 이런 시간은 내게 경력 단절이 아니라 휴식기가 되어 주었다. 운동을 시작하며 필라테스의 동작과 지난 삶이 참 많이 닮았음을 느낀다.

골반을 자세의 중심에 두는 일은 살아가면서 붙잡아야 할 가치관과 같다. 두 아이의 연이은 진단에 넘어진 채로 한참 동안 일어나지 못한 때가 있었다. 그때 도움이 되었던 것은 철학책이었다. 여러 철학자는 내게 '행복은 내면에 있다. 과거와 미래에 얽매이지 말고 현재에 행복하라'라는 공통된 조언을 해 주었다. 이 문장을 붙잡으며 내 안에서, 우리 가정 안에서 행복을 찾으려 노력했다. 주위의 잡음에서 차단된 채 두 아이의 얼굴을 들여다보는 시간이 많아졌다. 아이의 시선이 닿는 곳에 내 시선을 두다 보니 아이가 원하는 것이 무엇인지 빠르게 알아차릴 수 있게 됐다. 매일 새벽마다 희미한 불빛 아래에서 곤히 잠든 두 아이의 볼에 수시로 입술을 갖다 댈 수 있다. 순간순간이 감사했다.

주방과 친하지 않던 내가 식자재와 요리 방법을 검색하여 땀 흘리며 만든 이유식을 아이가 맛있게 먹어 줄 때마다 친정엄마의 노고를 자주 떠올리게 됐고, 아이들의 걸음이 느리고, 말이 늦게 트인 만큼 그 감동은 몇 배로 다가왔다. 또한, 이따금 주어지는 휴식 시간에 감사할 줄 알게 됐고, 그 시간을 알차게 쓰는 나만의 방법을 터득했다. 그 위에 열두 번의 식이 요법, 매일 새벽 두 시간마다 반복되는 간호, 두 달 간격의 병원 진료, 또래 아이들과 다른 모습, 급변한 인생 등이 쌓였다. 가까운 곳에서 행복을 발견하는 자세를 삶의 중심에 두니 어떤 일들이 쌓여도 흔들리지 않을 수 있었다.

두 발이 모두 바닥에 닿아 있다가 한 발을 들어 올리는 자세는 안정에서 불안정으로 바뀌는 과정이다. 한쪽 발로만 지탱하여 후들거리는 다리는 갑자기 들이닥친 인생의 고난과 닮았다. 하루 평범한 삼시 세 끼를 먹지 못하는 것, 먹고 싶을 때 먹고 싶은 만큼 먹지 못하는 것, 늘 식자재를 고민해야 하는 것, 마트에서 아이의 간식을 고를 때 카트에 담기보다는 핸드폰으로 영양 성분표를 먼저 검색하는 것, 외출 시 두 시간 간격의 식사를 보온용 통에 챙기는 것, 외박할 일이 있을 때 특수 분유통과 혈당 측정기를 챙기느라 가방이 늘 무거운 것, 두 아이의 혈당 수치와 케톤 수치가 정상 범위에서 벗어나는 것, 새벽에 저혈당 쇼크가 발생하여 구급차를 부르는 것 등으로 다리가 후들거렸다. 그동안 감사한 줄 모르고 당연하게 여겼던 것들이다. 이제는 매일 새로운 아침이 주어지는 것의 소중함을 잘 안다. 이는 엄청난 선물이다.

다른 사람들은 부드럽게 잘 해내는 자세를 나는 영 되지 않아서 다섯 번만 하고 주저앉은 때도 있었다.

'나만 못하네. 내가 제일 부족하네.'

이런 생각에 풀이 죽었다. 하지만 내가 열까지 해낸 다음 동작을 중도 포기하는 옆 사람을 보고 각자의 강점이 다른 것임을 알게 됐다.

필라테스는 옆 사람과의 시합이 아니라 자신과의 싸움이기에, 주위를 신경 쓰지 말고 할 수 있는 각도만큼만 들어 올리라고 한다. 하지만 나도 모르게 옆 사람의 자세를 거울로 힐긋힐긋 보게 된다. 각자의 체력이 다르므로 내 자세에만 집중해야 한다는 것, 그리고 각자 처한 상황이 다르므로 남과 비교하지 말고 나의 하루에만 집중해도 된다는 것을 이제는 안다.

고요해 보이는 필라테스는 사실 격렬한 스포츠다. 우아하게 멈추어 있는 것처럼 보이는 동작은 사실 수만 개의 근육이 미세하게 떨리는 중이다. 타인은 정지된 자세만 보고 필라테스의 이미지를 판단하지만, 직접 해 보면 자기 자신만 알 수 있는 치열한 고군분투임을 알 수 있다. 선생님이 하나부터 열까지 세는데 일곱까지는 버틸 만하다가 항상 세 번이 남으면 그만두고 싶어진다. 하지만 그 세 번을 이겨 내야 비로소 근육이 한 단계 성장하는 의미가 있는 운동이 된다고 한다. 운동 중에 힘들 때는 삶의 고난을 떠올리고 삶이 고통스러울 때는 아침에 온 힘을 다해 버텼던 필라테스 교실을 떠올린다. 운동을 통해 얻은 근육이 마음의 근육이 되어 삶을 지켜 준다. 그러다 보면 "자세 좋아요"라는 선생님의 칭찬 같은 위로를 만나기도 한다.

  삶이 힘들수록 더욱 운동하려고 한다. 자세를 열 번 반복하는 일은 매일의 무게를 이겨 내는 것과 같다. 이와 같은 삶의 자세는 살아 있음을 확인하는 동시에 미래를 살게 하는 동력이 되어 준다. 오늘의 나를 지키며 미래의 나까지 지키는 일이다. '한 번만 더'를 외치다 보면 어느새 열 번까지 자세를 취하게 된다. 작은 몸짓하듯 하루만 더 버티다 보면 어느새 상상하지 못한 곳까지 도달한다. 그렇게 도착한 곳에서 또다시 새날을 살아갈 용기를 얻는다. 일곱에서 멈추지 않고 여덟, 아홉, 열까지 잘 해내는 자신을 응원한다. 이런 나를 사랑한다.

그래서 오늘도 사랑합니다

ⓒ 이나경·석경화·이선복·박재형·송정열·최정미·윤혜정·박하·이윤지, 2025

초판 1쇄 발행 2025년 8월 14일
　　 2쇄 발행 2025년 9월 30일

지은이	이나경·석경화·이선복·박재형·송정열·최정미·윤혜정·박 하·이윤지
펴낸이	이기봉
편집	좋은땅 편집팀
펴낸곳	도서출판 좋은땅
주소	서울특별시 마포구 양화로12길 26 지월드빌딩 (서교동 395-7)
전화	02)374-8616~7
팩스	02)374-8614
이메일	gworldbook@naver.com
홈페이지	www.g-world.co.kr

ISBN　979-11-388-4597-7 (03810)

- 가격은 뒤표지에 있습니다.
- 이 책은 저작권법에 의하여 보호를 받는 저작물이므로 무단 전재와 복제를 금합니다.
- 파본은 구입하신 서점에서 교환해 드립니다.